小资本 做

大品牌

外贸企业品牌运营

黄仁华　著

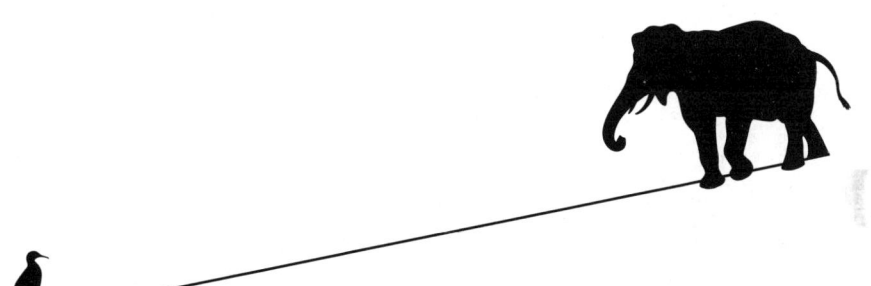

HOW TO BUILD
A BRAND

中国海关出版社有限公司
·北京·

图书在版编目（CIP）数据

小资本做大品牌：外贸企业品牌运营／黄仁华著
．—北京：中国海关出版社有限公司，2019.10
　ISBN　978-7-5175-0372-9

　Ⅰ.①小…　Ⅱ.①黄…　Ⅲ.①外贸企业—品牌战略—
研究　Ⅳ.①F276

中国版本图书馆 CIP 数据核字（2019）第 144889 号

小资本做大品牌　外贸企业品牌运营
XIAO ZIBEN ZUO DA PINPAI　WAIMAO QIYE PINPAI YUNYING

作　　者：黄仁华
策划编辑：郭　坤
责任编辑：郭　坤
责任监制：赵　宇
出版发行：中国海关出版社有限公司
社　　址：北京市朝阳区东四环南路甲 1 号　　　　邮政编码：100023
网　　址：www.hgcbs.com.cn；www.hgbookvip.com
编 辑 部：01065194242 - 7585（电话）　　　　01065194234（传真）
发 行 部：01065194221/4238/4246/4227（电话）　01065194233（传真）
社办书店：01065195616/5127（电话/传真）　　01065194262/63（邮购电话）
印　　刷：北京铭成印刷有限公司　　　　　　　　经　　销：新华书店
开　　本：710mm×1000mm　1/16
印　　张：12.5　　　　　　　　　　　　　　　　字　　数：208 千字
版　　次：2019 年 10 月第 1 版
印　　次：2021 年 11 月第 2 次印刷
书　　号：ISBN　978-7-5175-0372-9
定　　价：58.00 元

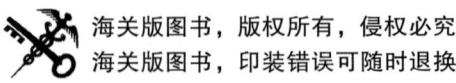

序　言

黄仁华是上海行动教育科技股份有限公司"赢利模式"第231期培训班的学员，在没有参加2015年11月22日的"赢利模式"培训班之前，他在外贸行业虽然做得不错，但是，产品的利润比较低。经过系统的学习以后，他将课堂上学到的知识，充分运用到了企业经营管理中。他调整了产品的结构，将公司原来12个不同行业的产品，聚焦到了一个行业、一个产品上，并且采用战略设计一致性的做法，将公司的研发、生产、销售、财务等聚焦到了一个产品上，终于打造出了一个具有行业竞争力的产品。最关键的是，他们运用了"定价定天下"的战略，经过系统的管理和团队的努力，产品毛利率从原来的10%左右，直接提升到了65%左右，他们也由之前的贸易公司，发展成了工贸一体的湖南中榜集团有限公司。

我们都知道，一个企业的可持续发展是企业家必须思考的问题，也是我们企业不断努力、不断追求的方向。成功打造企业的品牌，将企业品牌做强做大，是我们所有人苦苦追求的目标。这本书，详细阐述了黄仁华在外贸实践中，如何将学习到的知识运用到工作中，里面包含企业的战略设计、品牌设计、推广营销、人才设计等10个章节，让我们的读者看完以后，能按部就班地学习应用并成功打造自己的品牌。

一个好的企业家，一定是有胸怀的人，也应该是善于学习的人。黄仁华是一个热爱学习、善于学习的人；黄仁华还是一个乐于分享的人，尤其是对外贸行业的创业者，一点架子都没有，对同学、校友们也是有求必应。在他的身边聚集了一批同样热爱学习、热爱生活的朋友。我相信此书，对于所有外贸品牌的创业者和企业的管理者，都有相当大的学习借鉴作用。

上海行动教育科技股份有限公司董事长　李　践

2019 年 3 月 20 日

前　言

2013 年 4 月 23 日，在阿里巴巴的推动下，我作为湖南第一批网商走出湖南，到深圳学习，并且在 2013 年 6 月 14 日，发起了湖南外贸行业的"三大战役"，成立了"潇湘网商会"商圈。商圈成立以来，我先后与全国各地的会长、秘书长、外贸精英深度沟通，深入企业开展咨询服务。在与众多企业沟通的过程中我痛心地发现，我们中国的大部分外贸企业，都还是从事简单的外贸贴牌服务，有一小部分企业想创品牌，但是又无从下手。

在 2004 年至 2008 年外贸的春天，只要你从事外贸工作，不管是出口纺织品、化工品，还是机械设备等，到处是客户，遍地是黄金。但是，最近几年，中国的原料价格上升、物价上涨、人工工资上扬，产品售价却还在压缩甚至下调，外贸行业开始进入寒冬。

外贸中的 OEM（Original Equipment Manufacturer），即原始设备生产商，以及 ODM（Original Design Manufacturer），即原始设计商，都是给国外客户作嫁衣，全部都是贴牌。贴牌，做的是国外客户的品牌，增长的是国外客户的价值，我们只能赚点微薄的加工费、人工费。但是，随着中国日益增长的人工工资，逐渐增多的国际贸易壁垒，外贸贴牌之路越来越难。时至今日，广大外贸企业面临的现状就是，做贴牌是"死"，不做贴牌还是"死"。

面对错综复杂的世界环境，日益激烈的外贸竞争压力，我们外贸的春天在哪里呢？

2018 年 5 月 15 日，湖南中榜集团有限公司的硅酮密封胶事业部收到来自工厂的报价，密封胶由原来的每吨 17 800 元涨到 27 800 元。这直接造成公司客户流失率达 99%，订单直线下滑。

2013 年 11 月，湖南中榜集团有限公司开始从事氢氧除碳机的销售，开启了新的品牌之路。公司于 2014 年 10 月 13 日注册了"HHO"品牌，并在全球市场推广。同年，我们同行的氢氧除碳机售价 3 500 美元左右，而"HHO"品牌售价 9 998.98 美元。我们的氢氧除碳机虽然很贵，但是，产品销售额却很快超过了同行，产品毛利远远高于同行。2018 年 9 月，氢氧除碳机事业部根据市场部的调查得知氢氧除碳机被美国列入加征 25% 关税的税目，集团公司决定对"HHO"品牌产品提价 25% 作为美国市场的价格。截至 2018 年 12 月，终端客户未对氢氧除碳机价格提出较大的异议，销售额持续在上升。

这两个鲜活的事例明确地告诉我们，外贸企业未来的出路就是做品牌。为了帮助千千万万像我们一样的中小微外贸企业成功创建自己的外贸品牌，2018 年 3 月 12 日，我主动与中国海关出版社的郭坤编辑联系，希望得到出版社的指导，共同为中国的传统外贸企业老板写一本关于如何打造外贸品牌的图书。与郭坤编辑来回进行了几十轮的邮件、微信、电话沟通，2018 年 10 月 23 日，我终于收到了出版社的大纲确认函，正式开启正文的撰写。一个大纲就来回修改 40 天，这或许就是精益求精的态度吧。

本书将详细展示我真实、完整的外贸品牌之路。首先，我结合自己 15 年的外贸实战经验，从宏观的视角，根据世界外贸环境、中国的特色情况，从思维层面帮助读者构建创立品牌的战略和原则。其次，我从微观视角告诉大家如何从复杂的外贸环境中，挑选有利润有未来的行业以及产品，打造全新的品类，开创新的外贸品牌，指导小公司用小投资成功打造大品牌。

书中有大量的实际操作案例和工具，让读者不光能看懂，而且看后能直接使用。比如，商标的英文选择、域名的注册等具体方式方法。对于中小微企业打造外贸品牌最关心的品牌推广营销，我会帮助大家选择正确的推广渠道，合理控制平台费用，同时，帮助大家讲好故事，招好代理，打造差异化的品牌，争取企业的最大利润。

有品牌，有渠道，有推广，但没有团队是不行的。现实中大部分中小微外贸企业老板都不懂得团队的打造，或者说，因为大部分外贸老板，要么业务出身，要么技术出身，都没有受过专业、系统的企业经营管理的培训，以致不知道如何招人、用人、留人、激励人。本书将给读者一个全新且系统的外贸团队打造的框架，着重介绍市场部（电商部）、销售部的考核、激励方式，可以让广大外贸企业老板，直接对号入座，不走弯路。

写书难，写一本好书更难，成功打造一个外贸品牌，难上加难。希望本书能够帮助广大在外贸路上苦苦挣扎的老板，帮助那些整天提心吊胆的外贸企业老板摆脱微利或者亏损的困境，帮助那些传统的外贸企业，创立自己的品牌，增加产品附加值，提高中国外贸企业在产品供应链中的位置，让员工成功，让企业成功，让老板成功！

外贸品牌之路势在必行！企业的竞争，就是品牌的竞争！中国产品的升级必须从品牌升级开始。

唯品牌，方永生！

最后，我要感谢中国海关出版社的郭坤编辑，感谢上海行动教育科技股份有限公司的李践、李仙、黄强、李旭、汤筱君、熊启明、陈军老师，中国企业家校长汇 EMBA 的虢彪、李振、梁定璿、戴道金、刘国俊、黄永清、李照祥、鲍坤、张小云、王轩、蒋珍凤、宋玉平、王庆玉同学，长沙市跨境贸易协会的徐乐、黄大勇、赖志强、王伟清、高开朗、秦浩、王立荣董事长，还有全国各地外贸协会的吴君、胡新振、时仲波、钟石军、尚军、赵鹤飞、王勤、汪高新、胡习武、廖复河会长，湖南中榜集团有限公司的郭妮、胡浩、陈秋蓉、段伟伟、涂筱淇、宋雄风、刘佳、李纯、白杨，感谢你们给予我的无私帮助和大力支持！在此，我也要特别感谢我的爸爸、妈妈、太太蒋雪峰，感谢你们的理解和包容，让我能一心一意写好本书。同时，我也特别感谢我的两个宝贝，是你们给我带来了欢乐，让我有无穷的动力持续写下去，谢谢你们！亲爱的读者们，欢迎大家来函，共同交流，也欢迎大家多提宝贵意见，为中国的外贸品牌崛起献计献策！

黄仁华

2019. 4. 6

目 录
CONTENTS

第一章

外贸企业：
做品牌是唯一生存法则

第一节　外贸企业的 OEM、ODM 之路

一、OEM、ODM 的死亡之路

（一）价格战把 OEM、ODM 逼上绝路

2004 年，我进入了湖南省进出口集团有限公司，开启了我的外贸黄金时代。可以说，2004 年，你在中国随便出口什么都能赚钱。那个时候，国家刚放开进出口权，民营企业可以独立出口。一时间，外贸企业涌入市场，同时，大量的国有外贸公司倒闭，国企员工，尤其是国企外贸业务员、跟单员摇身一变，自主创业变成了老板。但是，那时候的外贸公司，普遍都只是从事代加工业务，赚取差价。

我们公司刚开始经营硅酮密封胶的时候，全中国出口这个产品的企业都没有几家，可截至今天，中国出口硅酮密封胶的企业有上千家。可惜的是，我们大部分企业都是走的贴牌之路。为了迎合外国客户的需求，我们还特意高薪聘请了专业的设计师，给客户设计品牌，打上客户的名字，那时候我们还很引以为傲，因为我们可以设计英语、西班牙语、俄语等不同语种的国际品牌。可惜的是，都是国外客户自己的品牌，十几年下来，仓库里到处都是客户的样品，到处都是不同语种国外客户的品牌。

随着市场竞争变得日益激烈，越来越多的工厂、贸易公司加入了出口的行列，大家开始打价格战，行业的利润直线下降。网络的发达，造就了国外客户得天独厚的寻找货源的优势，以前国外客户在中国采购是货比三家，现在可能

是货比三十家，甚至上百家。国外买家只需要在网上点点鼠标，发发询盘给我们，我们中国的供应商就会为了获得竞争优势，拿到订单，竞相杀价，有人甚至开始赊销，零利润甚至采用第一单倒亏模式给国外客户供货。

最可恶的事情是，老客户赊销以后告诉你，你的货物有问题，他不付尾款给你了。当然，这还不是最糟糕的，最糟糕的是，当天他还在隔壁老王家下了一个同样的订单，你还拿他没有一点办法。谁叫品牌是别人的呢？

在中国，永远不要比谁的产品价格低，因为只有更低；

在中国，永远不要比谁的产品更好，因为还有更好！

（二）国际贸易形势愈发严峻

美国依据对华301调查报告于2018年7月6日对我国340亿美元产品正式实施加征25%的关税。同时开始对约160亿美元商品加征关税征求公众意见。征税清单包括半导体、电子、塑料、化学品和铁路设备等商品。

中美贸易战一直在持续，中国的代工企业，不光要承受招工难、工资高的挑战，最关键的是，成本瞬间上升了25%。同时，我们还面临全世界的竞争，尤其是周边国家，类似越南、柬埔寨、泰国等，这些国家的人力成本低、劳动力充足。我们的贴牌之路，越来越没有竞争力，正在逐步失去客户、失去市场。据统计，耐克自2009年以来已将采购的重点迁移到越南，截至2018年，耐克的订单有超过60%来自越南。2018年10月，阿迪达斯关闭在中国苏州工业园区的唯一直属工厂，目的是将其迁往东南亚。

企业如果持续做OEM，没有提升价值，迟早是死路一条。

二、OEM、ODM 的得与失

2015年3月18日，蓝思科技在深圳证券交易所上市，首日市值222.95亿元人民币。2018年6月8日，富士康工业互联网股份有限公司在上海证券交易所上市，证券简称为"工业富联"，当天开盘涨停，市值3 905.58亿元人民币。作为中国有代表性的"代工"企业，富士康有着自己的高新科技，蓝思科技也有自己的技术，可是，我们只看到它们光鲜的一面，我们不知道的是，作为贴牌的工厂，它们的背后有多艰辛。

2018年10月29日，工业富联市值2 383.13亿元人民币，蓝思科技市值299.78亿元人民币，苹果公司的市值是10 300亿元美元，折合人民币71 070亿元。也就是说，苹果公司的市值相当于近30个富士康、237个蓝思科技的市值。富士康作为苹果手机的生产制造商，一年养120万名员工，但是，市场分析师研究工业富联的报告得出：iPhone的一款十周年纪念版iPhone X全面屏上市，它一共有两个版本，分别是64G版本8 388元和256G版本9 688元，将近上万元。而从官方给出的详细的iPhone X物料成本名单看，其成本总价为412.75美元，约合人民币2 700元左右。按照这个逻辑推算，一部苹果手机，苹果公司的利润占58.4%，中间产品及其他占（成本）21.8%，中国劳动者的利润占（成本）1.8%，其他的成本不等。也就是说，富士康生产一部iPhone X仅赚了不到25美元。

2017年6月13日，我接到协会一位会员的求助电话，他说，他们的尼日利亚客户，欠他们100多万元人民币货款，现在客户说产品有瑕疵，不愿意付款了，他问我有没有律师朋友，可以帮他把钱要回来。他说，最要命的是，他们在与客户沟通的过程中，发现客户已经偷偷在同行那里下了新的一模一样的订单，并且已经在制作包装。至此，这位老板才恍然大悟，自己给客户做了5年多的嫁衣，客户不光赖账，而且说走就走，随时更换供应商，真是赔了夫人又折兵。

做贴牌，刚开始，你会感觉比较容易，因为主动询价的人很多，比价的人更多。但是，我们进去以后，发现贴牌业务远远比我们想象的要复杂得多，竞争要激烈得多。对于企业最关键的利润增长、人才增长，贴牌都没有带来任何助益。贴牌只会给我们埋下炸弹，比如业务员飞单、客户跑路。因为贴牌业务的核心竞争力比较小，或者说，压根儿没有自己独一无二的优势，没有让客户非买不可的理由，唯一可以比的就是价格，全世界做贴牌的企业到最后就只剩一件事：打价格战。

三、OEM、ODM的未来之路

中国作为世界的产品加工制造中心，外贸企业的OEM、ODM之路将一直持续，但中国也有非常多有一定竞争力的产品，中国的工业水平在不断地提升，核心竞争力在不断地加强，同时，随着一带一路倡议的推进，中国将有更多的产品走出国门，走向世界。随着中国的物价上涨，工业水平提升，外贸企业老板的意识提升，中国的 OEM、ODM 会越来越少，越来越精。

按照中国经济的发展趋势，未来的任何产品都会有自己的品牌，这些品牌一部分是以终端零售的形式销售给消费者，另一部分会以原料、半成品的形式销售给工厂、加工单位。如果之前的企业是专门给终端零售商做 OEM、ODM 的企业，他们肯定会走上自主品牌之路，这也是最适合企业的利润可持续增长的道路；如果之前的企业是专门从事原料、半成品粗加工，还给其他企业做 OEM、ODM 的，未来还会持续做类似搬运工的活。另外，有些企业为了保证自己的原材料采购数量，向供应商谋取更低的采购单价，还会有 OEM、ODM 的订单。但是，中国多年来从事贴牌服务的公司、工厂，必须逐渐走差异化的路线，走价值创新的路线，否则，在全球市场的竞争中，订单也会越来越少。

OEM、ODM 之路，越走越难，越走越窄，品牌之路，越走越易，越走越宽。

第二节　在中国做外贸为什么要做品牌

一、成本优势变少

（一）原料、人工成本竞争优势减少

根据《中商情报网》的报道，2017 年 7 月，山东国产大豆入厂价是 2.32 元/千克，青岛港口进口的大豆到岸税后价是 1.65 元/千克，也就是说，国际的价格比国内的价格便宜 28.9%。我们非常熟悉的棉花，根据《搜棉》2019 年 3 月 4 日提供的数据显示，美国 E/MOT 棉的报价为 81.35，折合人民币一

般贸易港口报价 13 660 元/吨，澳棉报价 15 687 元/吨，巴西棉报价 14 182 元/吨，而中国的棉花报价是 15 240 元/吨。受到地域、气候、技术、产业链等方面的综合影响，全球各地，同样的产品有不一样的原料成本。

2019 年 1 月 31 日，我宴请一位从美国回来的好友。他介绍说，他在美国西雅图的月工资为 4 500 美元。但是，以他这样的工资在美国，只能省吃俭用，因为美国的生活开支非常大。举例，在美国西雅图，吃个普通的外卖，价格是 25 美元起步，用他的话说，不计算货币单位，中国和美国消费的数字是一样的。这也就是说，我们中国 1 000 元人民币的工资，相当于美国的 1 000 美元工资。

问题恰恰在这里，我们生产一个产品，原料的成本相差非常大，那么卖价就会相差更大；假如需要的人工时间是一样的话，我们的人工工资比美国低很多，因为我们的工资是人民币，他们的工资是美元。然而，隔壁的越南、泰国、柬埔寨等，他们比我们更低，还有非洲的埃及、尼日利亚、苏丹等各国，他们比越南、泰国、柬埔寨的人工工资更低。

（二）机电、机床设备成本高

大家都知道，我们中国是电子产品的出口大国。但是，我们并不是机电设备、机床设备的生产大国。据商务部报道，2018 年中国自日本进口了 1 806 亿美元的商品，排名前五位的商品分别是：机电设备及零件 852 亿美元，占比 47.2%；精密化工产品（肥料、化妆品等）203 亿美元，占比 11.2%；车辆船舶等运输设备 187 亿美元，占比 10.4%；光学、医疗仪器 165 亿美元，占比 9.1%；贱金属制品（金属机床等）149 亿美元，占比 8.3%。

2018 年中国自韩国进口了 2 046 亿美元的商品，排名前五位的商品分别是：机电设备及零件 1 238 亿美元，占比 60.5%；精密化工制品 228 亿美元，占比 11.1%；光学、医疗仪器 153 亿美元，占比 7.5%；塑胶制品 126 亿美元，占比 5.6%。

大家看日本和韩国的进口数据就知道，我们的机电、机床等成本是非常高的，在这个项目上，我们并不占优势。相反，我们的压力非常大。

综上所述，在全球化的今天，中国的企业如果还只是单纯地从一个角度去思考成本，这是极不合理的。我们不能只看自己的优势，也必须清晰地知道自己的劣势。

二、供应链日渐成熟

（一）工业产业链配套成熟

在中国，每个地区都有不同的招商政策，政府鼓励企业形成相对成熟的产业链，以增强企业的竞争力。

2016 年 11 月 29 日，国务院发布了"十三五"国家战略性新兴产业发展规划的通知，通知指出中国将超前布局战略性产业，培育未来发展新优势。"十三五"规划还指出，中国将推进战略性新兴产业开放发展，拓展合作新路径。规划明确指出，中国将积极引入全球资源，打造国际合作新平台，构建全球创新发展网络以及深度融入全球产业链。

我们公司硅酮密封胶生产工厂所在地佛山市，就形成了各种不同的产业带和工业园。政府以产业为核心，重点打造的产业链有：禅城区张槎镇的纺织产业，澜石镇的五金产业，石湾镇的陶瓷产业，南庄镇的建筑陶瓷产业；南海区大沥镇的铝材产业，西樵镇的纺织面料产业，九江镇的服装产业，金沙镇的小五金产业，平洲镇的制鞋产业，罗村镇的玻璃皮革产业，容桂镇和北滘镇的家电产业，乐从镇的家具、钢材产业，陈村的花卉产业；三水区西南的健力宝、青岛啤酒；高明区的塑料、纺织产业。同样，在佛山还有多如牛毛的工业园，大量的工业区，有凤翔工业区、红岗工业区和在五沙的顺德工业园等。仅仅在佛山市南海区一个区，就有多个工业园。

这只是中国工业产业链和工业产业园的一个缩影，在政府的大力推动和扶持下，中国的工业园如雨后春笋般发展壮大，在全国各地区，都建立了大大小小的工业园，中国的工业产业链配套也将越来越成熟。

（二）工厂技术、工人技能成熟

中国是贴牌生产大国，各类产品都在中国代加工。我们从事的硅酮密封胶，从 2005 年开始出口，后来陆续加入了很多的化工产品，如建材类的 AB 胶、502 胶水等，但是，99% 都是贴牌。2006 年，我们走出了国门去参展，先后去了沙特阿拉伯、印度尼西亚、澳大利亚等国，发现大部分的参展商都是中国人，而且，99% 的供应商都是选择了贴牌业务，极少有中国公司做自主品牌。截至 2019 年，密封胶行业的产品，贴牌业务已经非常成熟，从原料的供应链，到分装、印刷、包装、仓储、物流等形成了一套非常高效而且质量上乘的供应系统。我们之前的供应商由最开始从国外进口主要原材料，并且纸箱、胶瓶需要外购，到今天，独立从中国采购原材料，自有工厂不仅生产胶瓶、纸箱，而且能自己印刷、分装，最关键的是，工厂通过十多年的贴牌业务，建立了自己的实验室，能独立检测部分原料和全部的成品。

2005 年，我们工厂的工人每天工作 8 小时，用 300 千克的铁桶分装硅酮密封胶，平均一天灌装 5 000 只左右。在此期间，工人多达 150 余人，工人的体力消耗非常大，效率却非常低。2019 年，我们采用全自动的流水线生产，同样的工人每天工作 8 小时，但是，一天可以灌装硅酮密封胶 17 700 只左右。截至 2019 年 2 月 28 日，工厂只有 75 个工人，年生产产值反而比 2005 年高出了 5 倍。

这是众多贴牌业务的缩影，中国的工厂，通过大量的贴牌业务，不断更新了生产工艺、生产设备，同时，贴牌业务促使供应商不断地迭代，不断地研发，促进了行业的发展。中国的工人，因为技术的迭代、更新，操作的成熟，人均产值越来越高。

（三）物流通关成熟

随着中国经济的发展，中国的物流业飞速发展。

在中国的物流行业，中国邮政速递物流公司（简称"中国邮政"）拥有员工 20 000 多人，邮政特快专递服务（Express Mail Service，简称 EMS）业务通达全球 200 多个国家和地区以及国内近 2 000 个城市，业务覆盖面非常广。随着"一带一路"倡议的推进，中国邮政加速了海外发展之路，海外物流配送更快更好。在快递行业，除了有大家熟知的中国邮政、顺丰快递，还有四通一达，即申通快递、圆通速递、中通快递、汇通快递、韵达快递。2011 年，仅四通一达这五家公司总的从业人员就有 21.6 万人，年销售额近 300 亿元，占据了中国快递市场总收入的半壁江山。中国快递业务规模从 2011 年的 36.7 万亿件增长到了 2018 年的超 500 万亿件。

2013 年 5 月 28 日，由阿里巴巴集团、银泰集团联合复星集团、富春控股、三通一达（申通、圆通、中通、韵达）等共同组建成立了菜鸟网络科技有限公司。菜鸟网络的官网显示，全球智慧物流网络已经覆盖 224 个国家和地区，并且深入到了中国 2 900 多个区县，其中 1 000 多个区县的消费者可以体验到当日达和次日达的极致配送。以历年天猫"双 11"为例，菜鸟网络成立以来，通过开展智慧物流，不仅单日物流订单量从 1.52 亿攀升到 8.12 亿，而且配送 1 亿个包裹的时间从 9 天下降到了 2.8 天，创造了世界物流业的奇迹。

在国际上，同样有多家非常有竞争力的物流企业，比如联邦快递（FedEx）、敦豪航空货运公司（DHL）、美国联合包裹速递服务公司（UPS），这些航空快递公司，它们可以在极短的时间内，将任何产品发往全球各地。

在海运上，有大家熟悉的马士基集团（MAERSK）、地中海航运公司（MSC）、法国达飞海运集团（CMA）、中国远洋运输（集团）公司（COSCO）、中国长荣海运股份有限公司（EVERGREEN）等。

综上所述，随着科技的发展，尤其是人工智能、大数据的运用、政府的高效管理，中国物流的发展已经远远超越了其他国家，同时，中国物流的速度既快又好，关键是价格相对便宜，非常有助于外贸行业的发展。

三、消费者物质和精神需求升级

在中国，有一个广为传播的故事：一个 60 岁的美国老太太，她说，她住了 30 年的房子，终于把房贷还清了。同样的一位中国老太太，她说，她积攒了 30 年的钱，终于够买上一套房子了。这或许就是中国 20 世纪五六十年代人的写照。中国 20 世纪七八十年代的人享受到了改革开放带来的红利，自力更生，用双手创造了属于自己的房子、车子，还有票子。但是，到了"90 后"，尤其是"00 后"，这群人是天生的乐天派，他们追求的是更加美好的生活。

所以，"90后""00后"，他们是先花钱，再赚钱，更不用说存钱，存个几十年再买房的事已成为天方夜谭了。也就是说，未来的孩子们，他们口袋里从来就不缺信用卡，不缺消费能力。同时，这代人还是土生土长的网络派，他们能利用互联网做任何事情，包括购物、买车、买房等，甚至是谈恋爱。互联网的发展，让我们可以通过一部手机买到全球的好东西。

2017年4月24日，国务院发布了国函〔2017〕51号文件，同意国家发展改革委将每年5月10日设立为"中国品牌日"。2018年5月10日至12日，首届"中国品牌日"系列活动在上海展览中心举行。

当我们基本的物质文化需求被满足后，人们就会追求精神文化。最近几年，中国的各种传统文化日益盛行，京剧、国画、书法等受到了大家的追捧，相关作品拍卖的价格也是一拨比一拨高。同样，在中国，文化从娃娃开始抓紧，现在的孩子们都在学习钢琴、舞蹈、武术、美术等，这意味着中国的家长已经非常重视孩子们的精神文化的发展，而不仅仅停留在物质上的享受。所以，未来的中国，未来的一代人将会在物质和精神需求上不断升级。

第三节　未来的中国品牌发展趋势

一、全球品牌互联网化、扁平化

（一）人手一部手机，人手一台电脑

世界因为电脑、互联网的发明而万物相连。2004年，我在湖南省进出口集团有限公司上班，那个时候我们都是使用台式电脑办公，而且，都是使用中国电信的电话线拨号上网。那时候写邮件用的是 Foxmail 软件，首先，我们会花一上午或者一下午找到需要回复的客户邮件，然后一对一写好回复内容放入"发件箱"，然后点击"拨号上网"，通过电话线自动连接上网。接着，迅速点

击 Foxmail 里面的"发送"，看着邮件一封一封地发送出去。邮件发送完毕，马上断网，下线。那个年代的互联网，虽然通过电话线连接了全球，但是，因为资费太贵，普通的老百姓根本用不起，也用不上，我们不敢用拨号的电话线去浏览新闻，更不用说浏览下载视频资料。2009 年，我购买了一款最新款的诺基亚 N97 型号的手机，手机内置小键盘，我以为它可以给我的工作带来方便。事实恰恰相反，那个时代的手机上网非常非常慢，打开一个网页需要几分钟的时间，更不用说在线聊天了。

2014 年 1 月 17 日，移动 4G 横空出世，自此微信、视频通话、语音通话替代了原来的短信和电话，关键是免费；"高德""百度"地图代替了原来的纸质地图；我们以前出门都带钱包和现金，现在出门带手机，支付都用"支付宝""微信"。

2017 年 12 月 21 日，在国际电信标准组织 3GPP RAN 第 78 次全体会议上，5G NR 首发版本正式冻结并发布。2018 年 2 月 23 日，沃达丰和华为完成首次 5G 通话测试。2018 年 12 月 10 日工信部正式对外公布，已向中国电信、中国移动、中国联通发放了 5G 系统中低频段试验频率使用许可证。5G 具有更高的速率、更宽的带宽，预计 5G 网速将比 4G 提高 10 倍左右，只需要几秒即可下载一部高清电影，能够满足消费者对虚拟现实、超高清视频等更高的网络体验需求。另外，5G 具有更高的可靠性、更低的时延，能够满足智能制造、自动驾驶等行业的特定需求，拓宽融合产业的发展空间。车联网、物联网、云计算、云空间等将真正进入千家万户。

智能手机替代电脑，让我们从信息技术时代，进入了智能技术时代，5G 将带我们进入一个万物互联的时代，这些正在改变我们的品牌世界。

（二）跨境电商的发展

2003 年 5 月 10 日，由阿里巴巴集团推出的"淘宝网"正式成立，拉开了中国网络购物的序幕。10 月，阿里巴巴集团推出第三方支付工具"支付宝"，以"担保交易模式"使消费者对淘宝网的交易产生信任。2003 年全年淘宝网成交总额 3 400 万元。而到了 2018 年"双 11"，阿里巴巴集团旗下的天猫平台，当天的销售额就达到了 2 135 亿元。这还并不包括中国其他的电商平台，比如京东、唯品会等的销售额。2010 年 4 月，阿里巴巴国际版的"淘宝"，全球速卖通，这个面向全球市场的在线交易平台正式成立。作为国际版的"淘宝"平台，速卖通经过 8 年的发展，目前交易已经覆盖了全球 230 个国家和地区，主要交易市场为俄罗斯、美国、巴西、法国等。这个平台还同时支持 18 种语言站点，拥有超过 1.5 亿的海外成交买家。也就是说，这个主要以中国的产品为核心的平台，正在通过互联网将中国制造销往全球 230 多个国家和地区。

1995 年 7 月 16 日，杰夫·贝佐斯成立了 Cadabra，即亚马逊（Amazon）的前身，主要在网络上经营书籍销售业务。2019 年 2 月 1 日，亚马逊发布了 2018 财年第四季度及全年财报。报告显示，亚马逊第四季度净利润为 30 亿美元，与 2017 年同期的净利润 18.56 亿美元相比增长 62%；净销售额为 723.83 亿美元，与 2017 年同期的 604.53 亿美元相比增长 20%。按照 2019 年 2 月 13 日中国银行公布的外汇牌价，1 美元折算成人民币 6.76 元，亚马逊在 2018 年四季度中的销售额为人民币 4 893.09 亿元。亚马逊从销售书籍开始，发展成为销售美容产品、服装、珠宝、美食、体育用品、宠物用品、书籍、CD、DVD、电脑、家具、玩具、园艺用品和床上用品等的综合型网站。简言之，你几乎可以在这里买到所有商品。同时，亚马逊从美国本土开始做起，目前发展成为世界上商品品种最多的最大的网上零售商，产品销往全球各个角落。

跨境电商的发展，让全球人民可以自由购买到每个国家和地区的特产，同样，也让全球的产品品牌站在了同一条起跑线上，全球网购，全球互联，全球品牌是一家。互联网的发展，大平台的搭建，让我们的产品都步入了全球竞争的时代，中国的品牌也开启全球竞争。

二、中国品牌即世界品牌

（一）中国品牌必然发展成世界品牌

根据国家统计局发布的新闻，中国 2008 年的国内生产总值（GDP）为

31.9244 万亿元。2019 年 1 月 21 日国家统计局发布，2018 年中国国内生产总值 90.0309 万亿元。10 年间中国经济持续增长，给企业注入了活力，尤其是给出口企业带来了机遇，中国的品牌陆续走向国际市场。中国的强大，中国经济的增长，必然引来世界各国的关注，也必将引来全球各个行业的关注，世界人民会以中国的品牌为标杆，学习并借鉴中国的品牌经验，长此以往，中国的品牌也必将成为世界品牌。

当企业壮大以后，中国的市场肯定不能满足企业的需求，这时候，我们就会走出国门，走向世界。在空调行业，以民用空调驰名的珠海"格力"空调，在中国的销量一直遥遥领先，可以说是空调的标杆，他们早已经走出国门，在世界各地建立旗舰店，设立办事处；而以非电中央空调著称的长沙"远大"空调在中国也是稳居中央空调销量第一，他们于 1998 年进入国际市场，产品畅销 60 多个国家，并且在欧美市场占有率第一，如今早已名扬四海。仅仅在空调这个领域，还有"美的""海尔""志高""海信""春兰""奥克斯"等有影响力有规模的品牌，这些品牌都全部走出了国门，陆续在海外建立了办事处、分支机构。

自古以来，开明的政府，都会加倍重视出口贸易，重视各国的贸易逆差和顺差。2008 年，我国总出口额为 14 306.93 亿美元，进口额为 11 325.62 亿美元，贸易顺差 2 981.31 亿美元。2018 年，我国总出口额为 24 800 亿美元，进口额为 21 400 亿美元，贸易顺差 3 400 亿美元。通过数据对比，我们可以清晰地看到，我们的出口销售额在增长，但是，同样的，进口销售额也在增长。未来的出口贸易，依然会是拉动中国经济的三驾马车。

（二）"一带一路"倡议的推进

2013 年 9 月 7 日，国家主席习近平在哈萨克斯坦纳扎尔巴耶夫大学做题为《弘扬人民友谊，共创美好未来》的演讲，提出共同建设"丝绸之路经济带"。2013 年 10 月 3 日，习近平主席在印度尼西亚国会发表题为《携手建设中国—东盟命运共同体》的演讲，提出共同建设"21 世纪海上丝绸之路"。

2015 年 3 月 28 日，国家发展改革委、外交部、商务部联合发布了《推动共建丝绸之路经济带和 21 世纪海上丝绸之路的愿景与行动》，同样，中国各省市都出台了各类支持"一带一路"倡议的有利法规和政策。"一带一路"倡议提出后，我国企业在"一带一路"沿线国家承包工程项目突破 3 000 个。2014 年至 2017 年，中国同"一带一路"沿线国家的贸易总额超过 4 万亿美元。我国已经成为俄罗斯、蒙古、越南、吉尔吉斯斯坦、沙特、埃及等 23 个沿线国家的最大贸易伙伴。其中，2017 年，我国对沿线国家进出口总额将近 7.4 万亿元，比上年增长 17.8%：出口 4.3 万亿元，增长 12.1%，进口 3.1 万亿元，增长 26.8%。以最著名的中欧班列为例，截至 2018 年 3 月底，累计开行数量已经突破 7 600 列，2019 年仅用时 88 天开行就达到 1 000 列。

"一带一路"倡议的推进，给中国的企业带来了大量的订单。我们协会的会员湖南优力特重工有限公司，是一家专门生产旋挖钻具、钻杆及基础施工设备，为基础工程施工行业提供一整套解决方案的生产商和服务提供商。其旗下钻杆产品现已被广泛应用于国内外知名品牌钻机。2015 年以前，优力特重工的主要业务以内销为主，外销的"UNIMATE""UNIDRILL"品牌只占其销售额小部分。随着"一带一路"倡议的开展，他们公司的出口销量逐年递增，仅 2017 年一个季度的外贸订单就超过了 2016 年全年的出口总额，2018 年更是实现了出口额的大幅增长。凭借过硬的质量，优力特钻具、钻杆产品及截桩机、除砂机等基础施工设备在国外的覆盖率也越来越高，其旗下"UNIMATE"和"UNIDRILL"两大品牌也由中国品牌变成了世界品牌。

2015 年 12 月 25 日，由中国发起，正式成立了"亚洲基础设施投资银行"（简称亚投行），注册资本 1 000 亿美元，创始成员国 57 个，总部设在北京。截至 2018 年 12 月，经过七次扩容，亚投行加入国家（地区）达到了 93 个。亚投行的成立，使得 93 个国家（地区）紧密联系，密切合作，也让 92 个国家（地区）的人民更加关注中国，给中国的品牌带来更多的合作机会，让中国的品牌可以在 93 个国家（地区）中畅通无阻。

三、百年品牌造就百年企业

（一）百年企业依靠百年品牌

一百年一个世纪。对于人类而言，能突破百年寿命难能可贵。对于企业而言，其实也一样。在中国，最古老的企业是成立于1530年的六必居（企业名称：北京六必居食品有限公司），其次是1600年的陈李济（企业名称：广州陈李济药厂），还有1628年的张小泉（企业名称：杭州张小泉剪刀店有限公司）、1669年的同仁堂〔企业名称：中国北京同仁堂（集团）有限责任公司〕、1828年的王老吉（企业名称：广州王老吉药业股份有限公司），这5家企业和品牌都已经有超过百年的历史。在日本，拥有百年以上历史的老店叫作"老舖"（老铺）。根据日本东京商工会议所统计，日本有百年老铺2万家以上，全日本超过150年历史的企业达21 666家之多，其中200年以上历史的老铺有3 000多家。

每一个百年企业的背后，都有一个百年品牌在支撑。这些企业和品牌都历经几代人的努力，经过千锤百炼，最终存活下来。当我们希望创立百年企业时，我们就必须思考建立一个百年品牌，而且这个品牌必须成为世界的品牌。中国众多老品牌的消失，虽然跟政治、经济、文化等有关，但是，实际上也是由国际形势的变化造成的。每一次大的全球战争、全球金融危机等都会对中国品牌造成严重的伤害，甚至是毁灭。所以，如果我们想打造百年企业、百年品牌，就必须让中国品牌成为世界品牌。

百年品牌常有，百年企业却不多见。因为历史的原因、朝代的更替、自身的经营管理，以及外界各种因素的影响，企业很容易倒闭。2018年3月1日，中华人民共和国国务院新闻办公室举行发布会，会上国家市场监督管理总局局长张茅介绍说，我国近5年退出市场的企业平均寿命为6.09年，寿命在5年以内的接近六成，中国中小企业平均寿命3.7年，小微企业平均寿命不到3年。企业破产后，品牌或许会转卖他人而得以继续存在，因而，百年品牌常有，而百年企业少有。

（二）百年品牌的现状和奥妙

2017 年 1 月 13 日，商务部等 16 部门发布了《关于促进老字号改革创新发展的指导意见》，意见明确指出：老字号拥有世代传承的独特产品、精湛技艺和服务理念，承载着中华民族工匠精神和优秀传统文化，具有广泛的群众基础和巨大的品牌价值、经济价值和文化价值。根据商务部官网信息，截至 2017 年，经商务部认定的中华老字号共 1128 家，平均有 160 多年的历史。中华老字号品牌主要在食品药品和餐饮业。全国几乎各省（直辖市、自治区）都有中华老字号，其中上海有 180 家，为全国最多。名单里面包括了大家熟知的"张小泉"剪刀、"万隆腌"腊店、"素春斋"素食店、"邵芝岩"笔庄等老字号品牌。在中国，上百年的品牌还有很多，白酒有"茅台"，中药有"同仁堂""九芝堂""同济堂"，化妆品有"谢馥春"，饰品有"老凤祥"，餐饮有"全聚德""东来顺"，葡萄酒有"张裕"，缝纫机有"蝴蝶"，包括我们经常喝的"王老吉"凉茶，吃的"狗不理"包子，等等都是中国驰名的百年老品牌。

2018 年 5 月 25 日，美国《福布斯》杂志发布了 2018 年全球最具价值品牌百强榜，但是，很不幸的是，中国只有华为上榜。也就是说，我们所熟知的百年老品牌企业无一上榜，未来我们想让企业创造更大价值的路任重道远。品牌的复兴，不是一朝一夕，民族的复兴，更是需要大家的共同努力。

纵观世界每一个百年品牌，我发现它们都有共同的特点。

每一个百年品牌都有一个利国、利民、利人类的使命梦想。同时，每一个百年品牌都是聚焦、精益求精与工匠精神的结晶。百年品牌，最重要的一项是聚焦。战略聚焦，懂得取舍，不贪多，专业的人做专业的事情，用几代人的时间来打造一款产品，一个品牌。最后，百年品牌的精神，就是百年创新的精神。时代在变，唯有创新不变。任何年代，任何环境，只有以变化的眼光来拥抱一切，才能适者生存，屹立不倒。

第二章

以终为始：
外贸品牌的战略设计

第一节　大梦想造就大品牌

一、原则：先定战略，再定品牌

（一）战略是指南针，品牌是定海神针

树无根不能生，人无气不能活，品牌无战略不能长久！一个企业要想保持利润持续增长，一个品牌要想持续成功，就必须设计好自己的战略。有战略设计的品牌，不一定会成功；没有战略设计的品牌，一定不会成功。战略设计是指南针，引领着整个组织的方向和发展，广义的战略设计，就是企业的使命、愿景、价值观；狭义的战略设计，就是品牌的定位。

通常情况下，我们制定品牌都必须怀着"利他之心，利他之话，利他之事"的胸怀，制定一个利民、利国、利人类的使命。品牌的愿景需要从三个方面梳理，即：

（1）这个品牌可以为客户提供什么价值？

（2）为员工谋取什么福利？

（3）为社会创造什么价值？

品牌的价值观就是品牌的取与舍，也就是你要什么，不要什么，或者说你鼓励什么，禁止什么。假如你推崇绿色环保，那么你就会想方设法去追求环保；假如你追求科技创新，你就会想尽一切办法去研发。"舍得"有舍才有得，品牌的定位必须清晰，才能让品牌走得长远。

2015 年，我们开始销售"HHO"品牌。当时，我们团队商议以后，最终

决定要做氢氧机世界第一。于是，我们团队就在全球寻找我们的竞争对手，并找到了台湾的爱贝克公司，他们产品的品质、销量、利润都是全球第一。经过大量的调查研究，我们发现，这家工厂的产品品质过硬，技术也非常先进，售价非常高。在中国大陆，同类产品一台机器的出口价格为2 500至3 000美元，但是，台湾地区这个工厂的产品售价却是9 500美元一台。因为我们定标为世界第一，所以，我们决定追赶台湾的技术，同时，我们的售价定为10 000美元一台。截至2018年12月31日，我们花了3年多的时间，取得了一系列的发明、实用新型等专利，获得了"国家高新技术企业"的认证，我们通过产品价值创新，不断研发，在多个国家和地区打败了这家竞争对手。

目标有多大，梦想就有多大，我们应该给企业制定一个行业第一的战略，确定行业第一的目标，然后找到这个行业第一的标准，用我们的行动去超越他们。

（二）大战略引领客户需求

我们常说高人就是站得高，看得远，其实世间所谓的高人无非就是：他走过的路，你没有走过；他经历过的事情，你没有经历过；他说过的话，你从来没有听说过。大战略也是如此，当一个企业能高瞻远瞩，规划一个十年、百年的品牌愿景，规划一个利国、利民、利人类的使命，而且企业确实是踏踏实实按照自己的使命、愿景、价值观去践行以后，我们的品牌就成为"高人"，我们的客户会被这样的"高人"所打动、所吸引，最后成为忠实的粉丝。

"雪宝"板材，是一个专注于儿童板材生产销售的企业，湖南雪宝装饰建材有限公司（现已更名为雪宝国际智能科技有限公司）的董事长李振介绍，他们在创立公司的时候，就制定了"聚焦儿童健康家居，为人类家居健康而奋斗终生"的使命、"成为全球一流家居建材服务品牌"的愿景、"品质、创新、服务、共赢"的价值观。创业初期，行业内普遍以低价的产品在争夺市场，但是，"雪宝"却率先投入到高环保健康板材的研发与销售中，同时，率先推出"儿童房健康板"的产品，并且建立了高于国家标准的企业标准，确定了产品 E0 级（甲醛释放量≤0.5mg/L）、无醛级的标准。截至 2019 年 3 月 15 日，雪宝品牌用自己创业之初的战略设计征服了市场，征服了客户，现在雪宝品牌板材专卖店已经分布在全国 30 多个省市，并且拥有超过 1 000 家连锁门店，未来 3 年，他们计划开 3 000 家雪宝专卖店。

一个有着长远的战略，而且为之坚持不懈、不断努力奋斗的企业，一定会受到社会的尊重，受到消费者的青睐，因为我们每一个消费者都有选择的权利。当一个品牌有着济世的情怀、普世的精神，而且能一直坚持执行这样的理念，我相信每一个人都会选择这个大品牌、老品牌。最终，我们的大战略将引领市场，引领我们企业的未来。

二、大战略才能造就大品牌

（一）战略有多大，品牌有多大

战略决定品牌的知名度，品牌知名度影响消费者的购买行为，决定这个品牌的未来。大战略可以指出公司未来多年的发展方向，扩大领导者的眼界与格局。如果我们制定的战略是一个非常小的战略，则会束缚我们的思维与格局，让我们的思想受到禁锢。从拥有品牌的企业的从业人数，也可以看出品牌的影响力，虽然人数不是唯一的衡量品牌影响力的指标，但是，人的数量也是决定品牌大小很重要的指标。

我们通过富士康科技集团的官网得知，这家在全球有着超过 120 万名员工的企业的发展战略是"扎根中国，运筹全球"；它们的成长定位是"长期、稳定、发展、科技、国际"；它们的核心竞争力"速度、品质、技术、弹性、成本"。也正是这样的战略设计，让富士康成为全球最大的计算机、通信、消费性电子产品等 3C 产品研发制造工厂。它们以"技术、成本"领先作为战略设计，所以，它能打造自己的代工帝国，也成为"代工"的代名词。同时，因为富士康的战略是"扎根中国，运筹全球"，他们迄今在中国大陆、中国台湾地区、日本、东南亚及美洲、欧洲等地拥有 800 余家子公司和派驻机构，出口额从 2008 年的 555 亿美元增长到 2017 年的 1 445 亿美元。2015 年 3 月 6 日，富士康工业互联网股份公司正式成立，2018 年 6 月 8 日，富士康工业互联网股份公司在上海证券交易所上市。

在我们中国，还有一家非常了不起的企业，那就是华为技术有限公司。通过华为官网显示，华为 30 年坚持聚焦在主航道，抵制一切诱惑；坚持不走捷径，拒绝机会主义，踏踏实实、长期投入、厚积薄发；坚持以客户为中心，以奋斗者为本，长期艰苦奋斗，坚持自我批判。华为的愿景与使命是：把数字世界带入每个人、每个家庭、每个组织，构建万物互联的智能世界。华为的价值观是，以客户为中心，基于客户需求和技术领先持续创新，构建共赢生态。正是因为华为的战略设计以客户为中心，华为从 1987 年注册成立，到 2018 年营业额超过 6 000 亿元，员工超过 18 万人，产品和解决方案已经应用于全球 170 多个国家和地区，服务全球 1/3 的人口，成为世界 500 强的公司。

事实证明，大战略才能成就大公司、大品牌。

（二）大品牌要有大客户

当我们选择了要创立大品牌以后，我们就必须选择大客户。根据二八定律的原则，20% 的人创造 80% 的销售收入和利润，所以，我们的大品牌也是由大客户来创造的。每一个大企业、大品牌的背后，都有一群大客户在支撑。以我们熟知的富士康公司为例，它们的主要客户就是美国苹果公司，富士康为其代工生产 iPhone、iPad 等产品；同样，富士康还为华为手机代工。2018 年 12 月 27 日，我们湖南中榜集团有限公司在南岳衡山召开了第二届股东大会，在会上，我们认真分解了氢氧机"HHO"品牌的销售收入以及客户情况。我们发现，2018 年的销售收入跟 2017 年对比有较大出入，仔细统计客户才发现，原来是因为多增加了两个国家的品牌代理，这两个品牌代理的销售收入，直接拉升了整个公司的业绩，其创造的利润占据了年度新客户利润的 80%。

根据吸引力的法则，大鲸鱼会吸引同样的大鲸鱼，形成一个"鲸鱼圈"。当一家有着伟大使命的公司，成就了一个伟大的品牌、伟大的企业以后，会吸引有着共同方向的大客户。我们来看看华为的供应链名单就会清晰地知道"鲸鱼圈"的秘密。根据公开信息，华为核心的供应商有：富士康，全球最大的电子产品代工厂；高通，全球最大的无晶圆厂半导体公司；台积电，全球最大的圆晶代工厂；甲骨文，世界上最大的企业级软件供应商；英特尔，全球最大的半导体公司；微软，全球最大的电脑软件供应商，等等。通过这份清单，我们看到，华为这样的大品牌企业，围绕它的也都是世界上数一数二的大企业、大客户。

同样的道理，当我们的品牌达到一定销售额，有了影响力以后，我们就会从客户选择我们，变成我们选择客户，建构自己的大客户圈子。

三、大市场造就大品牌

（一）客户口碑造就品牌

金杯银杯不如客户的口碑，金牌银牌不如企业的品牌。一个成功的大品牌，价值连城。可口可乐前总裁道格拉斯·达夫特说过这样一段话："如果可口可乐全球的工厂被一把火烧掉，只要给我留下'可口可乐'四个字，一夜之间我仍然可以再造可口可乐。"按照道琼斯 2019 年 2 月 15 日的指数，可口可乐当天总市值 1 925.65 亿美元，也就是说，"可口可乐"四个字的价值已经超过千亿美元。良好的客户口碑会造就一个强大的品牌、一个强大的企业。

2018 年的手机市场中：在美国，苹果依然是消费者的首选；在印度，小米手机销量第一；在韩国，依然是三星手机销量最好；在非洲，传音手机雄踞销售榜榜首。为什么同样的手机，每个地区的销量却不同呢？其实，这背后最大的因素就是客户的口碑。众所周知，OPPO 手机一直以"拍照"闻名，这个品牌的手机有许多的广告都是引导消费者关注其拍照功能。传音手机也是以"拍照"为核心的功能手机，在整个非洲市场受到了消费者的青睐。根据我们来访的一位尼日利亚的客户的展示，传音手机主要是因为能将非洲人的黑皮肤的脸，拍出好的效果，同时，因为非洲缺电，传音手机待机时间能长达一个月，再加上广告的狂轰滥炸，传音手机在非洲口口相传，自然就流行起来了。

同样，我们来看另外一个品牌，三星手机，这个曾经风靡一时的全球品牌在 2016 年中遭到了重创，尤其是遭到了中国消费者的抛弃。韩国三星集团，这家企业一年的营业收入就为韩国贡献 20% 的 GDP 产值，作为集团旗下的三星手机，自然有着得天独厚的优势。但是，很不幸的是，2016 年，三星的 Note7 型号手机在全球发生了一系列的爆炸事件，造成了巨大的损失，以致多个国家政府发文，明确禁止携带三星 Note7 乘坐飞机、高铁等。从此，三星手机在全球消费者心目中的形象，一落千丈，销量也随之下滑。

好口碑造就人品牌，大品牌造就大市场。

（二）大品牌必须选择大市场

当我们确定了品牌战略以后，就相当于确定了市场。战略的选择就是市场的选择，也是市场的取与舍。当一个品牌定位为某个区域第一以后，它的市场就是这个区域。公司就会围绕这个区域去发展业务和开展工作。假如这个行业的区域市场总份额是人民币 10 亿元，那么就是说，这个品牌把整个区域做完，收入也只有人民币 10 亿元，何况不可能一个品牌将一个区域的市场份额全部瓜分掉。但是，假如这个行业的全球总份额是 10 000 亿元，那么如果你是行业第一的品牌，营业份额占市场总份额的 10%，那么就是 1 000 亿元，哪怕是占市场总份额的 1%，也都有 100 亿元。

大市场还决定了我们品牌的消费人数和消费金额。以华为为例，2002 年以前，它们的主要市场集中在中国，根据华为公布的财务数据，2002 年华为的销售收入为人民币 175 亿元，2003 年达到了人民币 221 亿元，其中海外市场收入占比 28%，相当于海外的销售收入为 61.88 亿元。近些年，华为走出国门，服务全球消费者，截至 2015 年，华为的销售收入达到了 3 950 亿元，海外市场收入占比 57.55%，相当于海外的销售收入为 2 273.22 亿元。也就是说，正因为华为具有基于以客户为中心的战略，全球的客户都是华为的客户，全球的市场都是华为的市场。截至 2018 年元旦，全球人口已经超过 74 亿人，当我们选择了全球市场，就相当于选择了 74 亿人作为目标消费者。

假如华为的战略设计只是面向我们中国的客户，那么它无论如何也发展不成今天的国际大品牌，也不会有今天这样的品牌影响力和号召力。所以，战略设计有多大，市场就有多大，品牌就有多大。

战略决定市场，市场决定份额，份额决定品牌的排名。

（三）小王变大王战略

一个人不能一口气儿吃成个胖子，一个品牌同样也不能一次吃掉整个市场。大品牌战略就是小王变大王的战略，我们可以制定成为全球第一的战略，但是，实际操作中，我们要先试点成为某地区的小王，然后，慢慢变成"大王"。

2016年9月6日，我们与墨西哥的客户签订了一个墨西哥的国家代理，客户同意我们年度要求的销售额，并且按合同支付了第一批货款。2017年，我们在合作的过程中发现，这个客户的实力有限，并不能按合同完成规定的销售额。可是，我们已经签订了国家代理，这相当于放弃了开发其他客户，在等待这个客户开发市场的过程中，我们一直观望，直到失去这个客户，失去墨西哥市场。

其实在这两年的合作过程中，墨西哥的氢氧机行业非常红火，可是，我们没有很好地把握住机会，失去了市场。

后来，我们调整了战略，不轻易签订国家代理，而是以城市代理的形式，摸索各地区销售情况。2018年8月23日，我们的氢氧机"HHO"品牌，正式签订了一个澳大利亚阿德莱德的城市代理，客户于2018年10月22日收到了海运的设备并且投入使用，客户使用以后，效果非常好。在这期间，我们加大了对澳大利亚市场的广告投入和宣传，并陆续收到了澳大利亚大量的询盘。2018年11月23日，我们与另外一个澳大利亚悉尼的客户签订了城市代理合同，并于2019年11月29日收到了客户的货款。2019年1月4日，我们再接再厉，又与一个客户签订了澳大利亚墨尔本的城市代理，并且收到了客户的代理货款。就这样，我们一步一步，一个个城市开发，陆续将澳大利亚全国的市场拿下，让我们"HHO"品牌的氢氧机在澳大利亚市场上从一个"小王"做成了"大王"。

用"大王"的战略去做市场布局，用"小王"的战术去开拓市场，让我们的品牌走得更稳更强。我们先在一个小市场试点，成功后才批量复制，成就大市场的成功。

第二节　外贸品牌即全球品牌的战略设计

一、国际大品牌思维：中国品牌＋世界品牌

（一）品牌向后看三十年

所谓三十年河东，三十年河西，企业的发展，品牌的发展，都在市场的大潮中起起落落，谁都不能保障哪个品牌三十年以后还是老样子。

1984年，柳传志带领的10名中国计算机科技人员认识到了个人电脑必将改变人们的工作和生活，于是，他怀揣着20万元人民币的启动资金以及将研发成果转化为成功产品的坚定决心，在北京一处租来的传达室中开始创业。这11名科研人员将公司的中文名定为"联想"，英文名命名为"legend"，即传奇。1994年，联想在香港证券交易所成功上市，4年后，联想生产了自有品牌的第一百万台个人电脑。2003年4月28日，联想集团正式宣布对外启用集团新标识"lenovo 联想"，总裁杨元庆将绘有联想新标识 lenovo 的旗帜缓缓升起，标志着联想 legend 的标识时代结束，从此"lenovo"取代了"legend"，成为联想品牌的新标识，并在全球范围内开始推广注册。

联想换标的消息一出，立即在全球引起了轰动，也引发了大量机构的评论，有人说联想因此损失200亿元，也有机构说联想因此损失400亿元。"legend"这个被联想集团使用了19年的商标，可以说是价值超过百亿人民币的商标，它竟然舍弃不用了。是什么原因造成的呢？事后调查，其中一个因素是联想集团品牌的全球战略设计，还有一个重要因素是联想想要推行国际化，但

是，在推行国际化的进程中，老的商标 legend 在很多国家都已经被别人注册了。联想为了打开国际市场，就必须形成国际统一的品牌标识，统一品牌形象，所以，不得已它重新设计了 lenovo 品牌。

据查，我们中国许多的品牌在国外都被注册了，其中包括非常多的中国老字号，比如"王致和"在德国被注册，"六必居"在加拿大被注册，"狗不理"在澳大利亚被注册等，另外，我们熟知的"红星二锅头""大白兔""龙井茶""碧螺春""大红袍""大宝""新科""康佳""红塔山""红梅"等一大堆商标，也被不同国家的公司抢注了。

品牌向后看三十年，实际上就是看到一个品牌从中国地区品牌，到中国全国品牌，再到国际区域品牌，最后到全球品牌的发展过程。在这个过程中，我们的品牌战略必须做好长远的规划，我们的品牌设计也必须着眼于全球战略，立足全球市场，打好国际攻坚战，最后成为国际知名的品牌。

（二）商标不能只顾中文，还必须重视英文

2001 年 12 月 11 日，中国正式加入世界贸易组织，成为其第 143 个成员，这标志着，中国的产业对外开放进入了一个全新的阶段，也标志着，中国的产业变成了全球的产业。所以，我们必须充分考虑品牌的拓展，英文商标已经成为我们不能不做的项目。

目前，中国的大部分企业在注册商标的时候，只是考虑了中文的商标。有的公司一次性注册几百个商标，也有公司为了保护自己，同时注册许多个同音、谐音商标。2019 年 2 月 19 日，我们从国家知识产权局商标局中国商标网，以"阿里巴巴"（中文）作为申请人名称，同时，以"阿里"作为商标名称输入查询，这个商标有 1 510 件之多，我们非常熟悉的"阿里巴巴"还注册了大量的"阿里爸爸""阿里妈妈""阿里姐姐""阿里哥哥"等防御性商标。

中文商标注册难，通过率低，有思想的企业找到了新的突破口，那就是申请英文商标。毕竟在中国，申请中文商标的人非常多，申请英文商标的人比较少，此外，中文商标在国外没有人认识，英文商标却可以世界通用。作为世界大国，我们的品牌需要在全球流通，不管是国际友人来中国消费，还是我们中

国的产品出口去国外，都需要一个英文的全球性的商标来支撑。这个是中国品牌走向国际最基础的一步。我们必须在中国注册自己理想的英文商标，然后才能去国外注册国际商标。

一手抓中文商标，一手抓英文商标，两个商标都要抓，两个商标都要好，这是未来中国品牌变成世界品牌的基础。

（三）英文商标在中国流行是大势所趋

2018 年 5 月 28 日，我陪小孩去长沙的奥特莱斯广场游玩，我发现一个非常奇怪的现象，在这个卖场一楼的门面中，门店的品牌标识 90% 都是以英文出现，而且是纯英文，没有任何中文标识。我仔细一看，有"OYEA""hotwind""SIMRECO""GOLF""ASOBIO"等，坦白地说，我并不太熟悉这些品牌，也不知道他们的历史，但是，在中国长沙的商场里面，竟然到处都是英文品牌的品牌店。2019 年 3 月 5 日，我们来到长沙星沙万象汇的商场，商场从一楼、二楼、三楼、UNIQLO、LANEIGE、TISSOT、CALVIN KLEIN JEANS、JNBY、SE-IFINI 等，全部是清一色的纯英文，标牌上没有任何的中文。

英文商标会越来越流行，因为中国的产品将成为世界的产品，所以，我们中国的品牌将成为世界的品牌。还有一个重要因素是"90 后"这批消费者，他们崇尚美好的生活、美好的事物，互联网和智能手机的普及，给这群消费者带来了巨大的购物便利，让大家由只关心中国品牌，到现在更关心世界品牌。消费者审美升级、消费升级，直接给企业品牌带来了变革动力，让企业不得不改变只有中文商标的思路，也让各大门店的商标，从只有中文，变成了中、英文，直至今天，演变成很多门店的商标只有英文。

在中国，中文的商标将亘古不变，但是，英文商标的流行也势不可当。

二、国际大品类思维：品牌就是品类，品类就是品牌

（一）新品类开创者更容易成功

新品类，新机会；新机会，新品牌。有机会的地方，就有可能成功，或者

说，更容易成功。新品类的开发，也会使品牌打造工作事半功倍，因为这个时候的消费者对新品类一无所知。这就好比消费者是一张白纸，你在纸上画什么，就是什么；你说它有多好，它就有多好，反正在这个过程中，没有可比性，或者说，可比性非常小。同时，作为行业内第一个品牌，消费者的印象会更加深刻。只要产品品质过硬，能够满足客户的需求，我相信这个品牌将会非常容易成功。

（二）新品牌代言新品类

在一个新品牌的打造中，我们需要有新品类的思维。开发新产品的过程中，最怕的是消费者的"无知"。当你面对一个一问三不知的消费者的时候，你的心情或许是崩溃的。但是，当我们打造一个新品牌的时候，一旦碰到这样的情况，那么恭喜你，品牌成功的机会来了。毕竟消费者是一张白纸，他的心中并没有任何品牌的概念，换句话说，他对于这个新行业、新品类的产品标识一无所知。产品没有对比也就没有伤害，品类没有可比性，那就会独占鳌头，毕竟我们是新品类的代言人。当我们能客观地说出新品类的好处，或者是对于消费者的危害，我相信大部分消费者都会愿意继续听我们讲解。在这个讲解的过程中，我们必然会引导消费者确定产品的选择标准，也包括品牌的选择。假如我们能很好地利用这个机会，充分将我们的品牌优势融入进去，那么我们的品牌成功的概率就会非常高。当我们通过这种方式征服一个又一个客户、一个又一个地区以后，市场上的这个品类就会留下大量的品牌传说。消费者一定会知道有一个新产品、一个新品牌出现在市场上。

一个行业会有一系列的产品品类，我们可以自己创造品牌的品类。举例，在洗发水行业有众多的品牌，但是，当提到"海飞丝"的时候，我们会想到"去屑"，提到"潘婷"的时候，我们会想到"柔顺"。在这些不同的品牌中，它们都开创了一个全新的品类，并且用一个品牌去代言这个品类。当消费者被这个全新的品类吸引以后，又同时被这个品牌打动，随着广告的宣传推广以及消费者的认知，这个品牌就会代言这个品类，因为消费者热衷于选择第一。

让消费者以"品牌"来替代"品类"，这是品牌奋斗的终极目标。

三、国际新标准思维：重构新标准

（一）重构行业、技术、人

人人都知道新品类的好处，但是，在中国供应链如此成熟，厂家多如牛毛的情况下，每个行业看似都已经没有空间了。那么，我们如何去树立一个新品类的新品牌呢？

1. 重构行业

我们可以重构行业。例如，我们从事的氢氧机行业，起初氢氧机主要是用于碳钢的火焰切割，我们最开始是将氢氧机卖给国内的钢厂，用氢氧机电解以后产生的氢气、氧气替代原来的甲烷、乙炔来切割钢板。我们的设备虽然节能效果非常好，非常环保，但是，因为设备成本非常高，所以整个行业一直不温不火。随着氢能汽车的发展，这个行业一直在寻找突破口，台湾的一家工厂终于成功地将氢氧机试用于汽车发动机除积碳，这也造就了氢氧机的一个全新功能：氢氧发动机除积碳。

2. 重构技术

我们还可以重构工艺。大家都知道黄豆变豆花的故事，故事讲的是一个人早上起来做豆腐，做得好，卖豆花；做老了，将豆花压制成豆腐，然后卖豆腐；豆腐没有卖完，那就用油炸一下，卖油豆腐；油豆腐如果还没有卖完，那干脆放在特制的卤水里面，卖臭豆腐。其实，黄豆到豆花、豆腐、油豆腐、臭豆腐的转变，就是一个工艺的转变，我们的任何产品，任何行业，都可以重构工艺流程、工艺技术等。

3. 重构消费者

我们还可以重构消费者。大家都知道，尿不湿这个产品婴童用得最多，因为婴儿容易尿湿裤子，造成二次污染，尿不湿这个行业在全球已经非常成熟，消费者一直就是婴童。但是，婴儿可以用尿不湿，我们成人可不可以用呢？答案肯定是可以的。于是有人将尿不湿这个产品的消费者重新定位，并将产品用在成人身上，也就是今天的成人纸尿裤。现在，医院的病人、老年人等许多人都在使用成人纸尿裤，可见成人纸尿裤的消费市场也是很大的。

互联网时代，一切行业可以重新思考，一切的标准都可以重构。

（二）重构客户采购标准

我们有了好产品，有了好市场，就要重构客户的采购标准。

通常，在一个老的行业，每一个消费者都有自己的购买标准。客户的采购标准，有可能会是选择价格最便宜的，也有可能是选择价格最贵的，比如购买劳斯莱斯汽车定制版的客户；有的客户喜欢工厂，有的客户却喜欢贸易商；还有很多的客户在乎品质，在乎售后等。不管是哪类客户的采购标准，我们要想去改变他，都是非常难的。都说世界上有三件事情最难，一个是将别人的钱放到你的口袋，一个是扶住一面倒向另一边的墙壁，还有一个就是将你的思想装进别人的脑袋。我们现在要做的事情，就是将我们的采购标准装进客户的脑袋。

在重构客户的采购标准时，首先一定要深入挖掘客户的需求，一定要想尽一切办法去满足客户的需求，甚至是超出客户的需求。我们所有的采购标准，全部都要建立在满足客户的需求上。

基于客户的类型来确定客户的采购需求和标准。如果客户是小买家，我们要重点强调性价比，将核心价格优势展示出来，而且最好是以数字化的形式展示出来，比如同样的价格，我们可以让客户购买到更多的产品，让客户省更多的钱。如果是中型买家，我们同样需要把原料、品质、工艺等有价值的东西一样样展示出来，最关键的是，我们可以通过大量与同行对比的数据来展示我们产品的优势，让客户真正认同我们产品的品质和服务。对于大买家，我们需要把握住客户的采购标准是品质第一，除了品质，就是服务，价格对于他们来说也重要，但是，当我们产品的品质第一、服务第一以后，价格可以忽略不计。大买家要的是放心，品质好、服务好，价格贵点也可以接受。总之，不管哪个行业，哪个品牌，要想重构客户的采购标准，就要从"多、快、好、省"四个方面去给客户灌输理念，去跟同行竞争。

（三）重构客户使用标准

在企业经营中，尤其是在进出口业务中，大部分的采购者跟使用者都不是同一类人。通常，采购人员会站在采购的角度去思考采购的品牌，包括品牌的价格是否合适，品牌是否可以满足公司的需求，品牌是否是上司所认可的，等等。消费者作为产品的使用者，他们压根儿并不关心产品的价格，他们更多的是关心这个产品是否能给自己工作生活带来便利，是否能让自己省心省力，是否比原来的品牌好，是否有售后服务，等等。

在调研客户的需求以后，我们也可以通过几个方式去重构客户的使用标准。首先，我们可以询问客户："你最喜欢现在供应商的哪几点？希望未来的供应商有什么优点？或者现在厂家哪里可以改善？为什么对你那么重要？"

其次，我们还可以重构客户的赚钱模式。在我从事外贸工作的过程中，我们利用邮箱发送了大量的客户开发信，以便找到更多的潜在客户，我们总结了很多的开发信模式，最终发现最简单最有效的还是"新生意，新技术，新代理"这样的提供新的赚钱模式的开发信，最受国外客户的欢迎。事实证明，所有的客户都对新的赚钱模式感兴趣，任何商人都对钱感兴趣。我们只要重构赚钱模式，只要把钱算清，把模式讲清，客户都会感兴趣。

第三节　不同国家的地域思维

一、外贸品牌"去中国化"

（一）不能用拼音翻译中文商标

在中国，为了保护自己的中文商标，几乎所有企业都会做一系列防御性的布局，其中，也包括注册拼音式的英文商标。

纵观中国大部分的英文商标我们会发现，它们都是拼音式翻译，其中包括部分中国驰名商标的英文商标，例如，五粮液白酒"WULIANGYE"，泸州老窖白酒"LUZHOULAOJIAO"，九芝堂药业"JIUZHITANG"，经阁铝材"JINGGE"，喜盈门毛巾"Xiyingmen"，华天酒店"HUA TIAN"，雅士利奶粉"YASHILI"，莲花味精"LIANHUA"，锦江酒店"Jin Jiang"，狗不理包子"GOUBULI"等。除了这些中国驰名商标，全国还有大大小小数以万计的拼音式商标。

在我们申请了中文商标以后，可以同步申请拼音式的英文商标，加以保护自己的中文商标。但是，在推广使用中，我不建议使用拼音式的英文商标，毕竟我们未来要做的是国际品牌。随着中国品牌的强大，一定会变成国际品牌，有一天，你会发现自己的中国品牌，变成了世界品牌，但是，你因为一个拼音式的英文商标，需要花费十倍、百倍的宣传推广费，才能达到一个普通的符合国际规则的品牌的效果。更糟糕的是，即使你付出了几千万的宣传推广费用，消费者也可能记不住你的品牌名，因为拼音式的英文商标对老外来说太难记了。

因此，我建议，不管是在中国还是在国际上，都不要使用拼音式的英文商标。

（二）不能用中国式英文翻译中文商标

我们在将中文商标翻译成英文商标的过程中，通常都会将中文直接翻译成英文，很多的企业会去翻《汉英词典》，然后直译成自己想要的名字。但是，在翻译的过程中，我们不能以中国式英文去翻译，因为中文变英文的过程中，很多的汉字，不是简单的一个词能表达的。

我们常说，如果我们要给国际友人考中文的话，我们就考一个关于妻子的中文单词，在中文中，"妻子"这个词在全国各地的表达各不相同：在重庆，叫"婆娘"；在长沙，叫"堂客、婆婆子"；在太湖，叫"娘子"；在无锡，叫"屋里人"；在安庆，叫"烧锅的"，等等。这就给我们英文商标的翻译造成了许多困扰。还是上文的例子，以上关于"妻子"的单词，在英文里面，只用一个单词就行了，那就是"wife"。假如我们用中国式的翻译方式，按字面意思翻译，放在英文的商标里面，肯定是不合适的。

中文商标中，还有很多组合词，或者说，组合的词义。比如说，白翎商标，如果我们翻译为"white feather"作为英文商标的话，显然是不合适的，因为这个单词对英美人来说，意思是"无用的东西"。另外，它还是一首歌的歌名，在这首歌中它表达的意思是胆小、怯懦，象征着懦夫。比如说，虎豹袜子，假如直译的话，为"tiger leopard"，这样翻译以后，字母太多、太长，对于国外客户来说，非常难理解我们想表达的意思。再比如说，龙猫直译为"dragon cat"，这样的商标对于国外的客户来说，是非常难以理解的。所以，中文商标，要同时注册成英文商标的时候，最好不要用中国式英文直译。

同样的道理，英文直译成中文商标，也是需要认真思考的。比如，"Coca Cola"最初进入中国的时候，用的是中文译名"蝌蚪啃蜡"，不光是十分拗口，而且消费者看到这个商标，就不敢喝了，会让人联想起蝌蚪。后来该公司经过重金征求译名，才有了今天的"可口可乐"这个品牌。

（三）不能用中国人的思维打造国际品牌

中西文化的差异，造成了大量的思维差异，也注定了部分中国思维在国外客户的眼里是行不通的。

以婚纱为例，在中国，我们喜欢大红大紫，在中国的传统文化中，红色是喜庆、兴旺的象征；中国人不太喜欢白色的布，也不喜欢白色在喜庆的日子出现，因为在中国，白色自古就有代表丧事的习俗，在我老家，如果有人家里死了人，亡者的家属就会在手上挂一条白布。而在西方的文化里面，尤其是结婚的婚纱，他们喜欢用白色，因为在他们眼里，白色的婚纱意味着贞洁、真诚，也象征着爱情的纯洁干净。

中国人非常热衷于用十二生肖来给自己的企业、品牌命名。比如，关于"牛"，《左传·哀公六年》中记载的一个典故"孺子牛"，原意是表示父母对子女的过分疼爱；近现代文学家鲁迅《自嘲》中的"横眉冷对千夫指，俯首甘为孺子牛"的名句使"孺子牛"的寓意得到升华，人们用"孺子牛"来比喻心甘情愿为人民大众服务，无私奉献的人。从此以后，牛在中国的寓意非常好，我们的政府、企业都经常拿"孺子牛"做榜样，我们也经常竖起大拇指朝着别人说"牛"。但是，把"牛"翻译成英语后的单词有"cattle""cow""ox""bull""neat""bossy"，这些词在西方的文化中，都非常糟糕。"cow"在英语中多是贬义，指肥胖、笨拙、粗鄙、令人讨厌的人；"bull"在英语中也多是笨拙、暴力、鲁莽的象征。

所以，在我们思考商标的时候，不能单纯地用中国人的思维去衡量。我们应该用全球的思维、全球的格局去注册英文商标。

二、外贸品牌本土化

（一）小语种国家的布局

打造全球品牌的过程中，我们应该尽可能地保持商标一致。但是，考虑到每个国家的文化不同，喜好不同，我们应该学会变通。同时，作为新品牌，不确定性非常强，所以，我们可以在不同的国家打造不同的本土化的品牌。

2018年，根据全球语言使用的人口数量进行排名得知，目前排名第一的是英语，排名第二的是汉语，排名第三的是法语，还有西班牙语、葡萄牙语、俄语等。不同语言的发展速度跟地方的人口、经济息息相关，随着全球经济的互通，不同语种的人群交往更密切，品牌传播也更顺畅。在国际商标的注册中，我们可以根据自己的特色，尤其是自己的优势，设计定向化、定制化的商标。通过谷歌翻译，我们可以选择想查询的不同语种，比如，我们搜索"硅酮密封胶"，英语翻译为"silicone sealant"，俄语为"силиконовый герметик"，德语为"Silikon Dichtmittel"，法语为"mastic silicone"，西班牙语为"sellador de silicona"，葡萄牙语为"selante de silicone"，阿尔巴尼亚语为"shtresë silikoni"。目前大部分国家都是采用"注册在先"的商标原则，就是说，谁先注册，谁就有优先权。按照这个国际商标注册的惯例，我们可以根据自己想要的名字，在不同的国家注册。

（二）单词不能有歧义，不用"丑恶"字

一方水土养一方人，每一个地方的人，都有着自己不同的语言；同样的语言，在不同的国家，表达的意思不一样。英文和中文一样，同样的一个单词，都可以表达几种不同的意思。2013 年 10 月 17 日，我在佛山工厂接待来自沙特阿拉伯的客户，我们正在会议室进行紧张的谈判。突然，客户对我说："I want go to rest room."当我听到以后，我想客户肯定是舟车劳顿，加上倒时差，太累了。于是，我就带他来到了工厂老板的办公室，因为那里有沙发，我就说"Have a rest"。可是客户一进办公室，他就大声说："No！No！I want rest room！"我站在那里，一脸茫然。我就问客户，你是不是想去宾馆休息？停滞了十几秒钟以后，客户说不是，他掏出手机，点开了翻译软件，马上说："Toilet, I need toilet."我在那一瞬间觉得特别尴尬，马上带客户往洗手间去。以前我学过厕所的单词"toilet""lavatory"，压根儿没想过"rest room"也是厕所，而不是我们想的休息室。

在我们的商标中一定要避免使用有单词歧义。比如，"busboy"，不是"公共汽车售票员"，而是"餐馆勤杂工"；"black tea"，不是黑茶，而是红茶；"green hand"，不是"绿手"，而是"新手"；"sporting house"，不是"体育室"，而是"妓院"的意思；"lover"，不是"爱人"，而是"情人"；"heartman"，不是"有心人"，而是"换心人"；"sweet water"，不是"糖水、甜水"，而是"淡水"；"confidence man"，不是"信得过的人"，而是"骗子"等。

同样，我们在给商标命名时，还要避免"丑恶"字样。好的名字一定要能让人感受到真、善、美，所以，我们的商标名字切忌出现凶狠、丑恶的字眼。首先是避免用与"瘟疫""灾难""凶祸"等有关的字取名，比如"非典""9·11""印尼海啸""汶川大地震"等，这类名字往往给人一种非常"恐惧""不寒而栗"的感觉，让人产生巨大的精神压力，担惊受怕。同时，我们也尽量不用"暴雨""乌云""洪水""地震"等词，这些词往往给人以非常"凶""邪"的感觉，给人们的心灵蒙上阴影，让人们对这个品牌心存忌惮。最后，我建议不要用数字"3"或者"13"，因为西方人认为"13"就意

味着"背叛、出卖"，所以他们特别排斥这样的数字。

三、外贸品牌全球的通用化

（一）最好的商标要全字母，音韵优美，升降有序

"遗企千金，不如教企一艺；教企一艺，不如赐企佳名。"品牌是一个企业的根，一个企业的魂，也是弘扬我们企业价值的文化旗帜。

什么是最好的全球商标呢？一定是全字母的。我们看全球的所有知名品牌，都是以全字母的形式出现，比如微软的 Microsoft、谷歌的 Google、华为的 Huawei、格力的 Gree、海尔的 Haier 等，品牌名只有以全字母的形式出现，才能在全球畅通无阻。当然，随着中国的强大，中文的流行，我相信有一天，全球的商标，都会带有中文商标，我们的中文商标也能在全球畅通无阻。

全球化的全字母商标要注意音韵优美。根据《易经》几千年来的文化传承，企业起名、个人起名、品牌命名，都会考虑名字的音韵美，一是名字的韵义美，二是语音铿锵有力，读起来朗朗上口。这就跟《乐经》讲的一样，我们的乐谱会讲究跌宕起伏，抑扬顿挫，让人感觉余音绕梁三日。在我们的名字中，相连的两个字的声调是不相同的；通常，相连的两个字，后面的字的声调，都是以"阴平、阳平、上声"结尾，而不用"去声"结尾。

一个企业的名字、品牌，犹如人的名字一样，我们应该学习传统文化《易经》的音韵美让品牌名读起来优美动听，朗朗上口，同时，尽可能地让我们的英文品牌名做到升降有序，以"升调"结尾，寓意我们的品牌将如日东升，蒸蒸日上。

（二）满足消费者的喜好，字义和谐，搭配得当

企业品牌的好坏，企业说了不算，企业家说了也不算，只有消费者说好的品牌，才是真的好。我们的品牌，只有怀着以终为始的精神，一切以消费者的喜好为核心，才有可能成为好品牌。

品牌设计中，我们把自己的公司名称、品牌名称用流行的形式呈现，或者

选择消费者喜欢的人或者事物的名字来为品牌命名，这样可以迎合消费者，让消费者更加喜欢我们。比如，家居中的"晚安床垫"，每一个消费者都喜欢这个品牌名，因为我们在晚上睡觉的时候，都会对自己的亲人说"晚安"；汽车中的"吉利"，买车开车都大吉大利；食品饮料中的"农夫山泉"，我们消费者都喜欢喝天然的山泉水；护肤化妆品中的"美加净"，让消费者又美又干净；互联网在线购物的"淘宝"，每个人都想在网上找到自己的宝贝；中国互联网金融服务的"支付宝"，手机支付，电脑支付的宝贝。下面，我们再看看世界上的消费者喜欢的品牌。

Facebook，在中国简称"脸谱"，一个类似于我们中国的微信的社交媒体，"Face"加"Book"的组合，让消费者瞬间赶到亲切又好奇；Nike，中文的翻译是"耐克，胜利女神"，哪个运动员不喜欢"胜利"；YouTube，"You"加"Tube"，翻译成中文"你的电子管，你的电视机，你的频道"，试想，谁不想让自己名扬四海。我们再来看看美国固特异轮胎橡胶公司的品牌，"GOOD YEAR"，当全球的消费者看到以后都会心怀欢喜，因为里面有一个非常好的词"GOOD"；好孩子儿童用品有限公司的中文商标是"好孩子"，英文商标是"GOOD BABY"，每个做父母的都是望子成龙，望女成凤，好孩子是最好的选择。这些都是吉利的话。

我们给自己的品牌取名的过程中要注意，消费者通常都喜欢以下类型的词：汽车类，喜欢快、安全、豪华；箱包类，喜欢时尚、个性、有品位；化妆品，喜欢天然、美丽；食品类，喜欢安全、美味、有营养；机器类，喜欢实用、售后好；酒类，喜欢味道醇、产地好、年份久等。

（三）从自己的行业特色入手

一个品牌，如果能代表一个行业，说行业就说这个品牌，说品牌就是说这个行业，我相信，这样的品牌一定会非常畅销。我们如何设计一个可以代言行业的品牌呢？首先是必须让我们的产品从行业中脱颖而出，要想做到这一点必须找到行业的痛点和特色。每一个行业都有自己的特色，也有独特的要求，如果我们的品牌有这个特色，符合这个要求，我们的品牌离成功将只有一步之遥。品牌如何呈现行业特色呢，我们看几个案例。医药：益康、民康、健民、永康等；水果：绿叶、百果园、都乐、佳农、鲜丰水果、欢乐果园等；自行车：白鸽、万里、永久、凤凰等；眼镜：依视路、大光明、大明、雪亮、博士、尼康、精工、楷模等；综艺节目：《越策越开心》《快乐大本营》《我们约会吧》《我是歌手》等。

在我们的生活中，有大量的品牌，通过准确把握自己的行业特色、行业要求，找到了消费者的痛点，并以此为切入点，迅速打开了市场。"泻立停"，我们一听这个名字就会想到止泻，当我们拉稀腹泻的时候，马上会想起去买这个药，"泻立停"代言了"拉肚子"；"飘柔"，当我们买洗发水的时候，都希望自己的头发飘逸柔顺；"好记星"，当听到这个品牌时，我们就会想起学习机，每个人都希望自己拥有好记性。

第三章

小资本
也能做大品牌

一、集中火力，四固法则

（一）固定行业打法

病急乱投医，人急乱选行。在我们投放广告的过程中，最怕的也是投错行业。很多产品，应用的领域非常广泛，另外，每一个产品，在不同的地区，不同的国家，展现方式不同，所属行业也不同。我们之前举例的尿不湿，有婴儿尿不湿，也有成人尿不湿。假如我们生产的是成人尿不湿，但是，我们投放的广告却面向婴儿行业，我们是不可能有收获的。按照国家公布的卫生标准，尿不湿也可以定义为"一次性卫生用品"，从属于"快消品行业"，从销售员的角度说，它又属于"母婴用品行业"，从医院的角度说，它属于"医疗用品"。在这些五花八门的"行业"中，一个尿不湿都有几种完全不同的说法，假如我们选择的行业太多，那将分散我们的优势。打造一个品牌需要做大量的调研和市场分析，如果我们涉及的行业太多，我们肯定对这个行业不会非常熟悉。

小资本做大品牌，首先只能固定一个行业，对这个行业进行深度了解，吃透这个行业，将新品牌顺利推向这个行业，并且以最快的速度占领这个行业。

（二）固定区域打法

小资本，做大品牌，要的是把钱花到刀刃上，在正确的时间，做正确的事情。我们很多的小企业、新品牌，一起步就把自己当成大品牌来运营，做海量的广告宣传，以为这样可以迅速占领市场。实际上，要想把新品牌打造好，用小资本去打造大品牌，就必须先从固定区域开始。

我之前讲过"小王战略"的打法，就是说，我们必须先固定一个区域，把这个区域作为我们的品牌试点，围绕这个区域，点对点地调查，打开这个市场的缺口，紧接着，步步为营，提高品牌的市场占有率。全球有233个国家和地区，市场太大了。在选取区域的过程中，我们要更加谨慎，做好市场调查，然后去开发。

贪心是用小资本做大品牌的致命弱点。当我们选择了精准区域以后，就必须放弃一些别的区域，然后集中所有的力量，拿下这个区域。如果可以，我们把范围再缩小一点，最好可以定位为一个固定的城市，这样更聚焦。这好比我们手上有100万元的广告费，假如你在全球都投广告，一个国家只能分4 000元左右，这样的广告费杯水车薪，投了等于白投。哪怕我们将100万元投到两个国家，一个国家也只有50万元的预算。所以，最好的方式，就是集中所有的钱往一个地区试点，以充足的预算，保证一个地区推广的成功，让这个地区成为我们的样板区域，然后再复制到其他的区域。

（三）固定关键词：关键的关键

关键词（keyword），是指在搜索引擎行业中，介绍产品、服务或者公司等内容的索引性用语。也就是说，你想让客户了解什么，你就留什么样的关键词。

行业决定方法，区域决定方向，关键词决定客户。我们有什么样的关键词，就会吸引什么样的客户。业务中的二八定律决定了我们的主要工作，一个是找准客户，一个是建立信任。我们如何去找准客户呢，这就靠我们的搜索关键词，我们俗称"客户关键词"。另外，我们在推广的过程中，必须采用正确的产品关键词，关键词的精准度，决定了我们询盘的质量，也决定了我们未来客户的质量。我们需要不断地提炼关键词，同时，还要论证我们的关键词，一个精准的关键词顶一百、一千个普通关键词。

关键词的布局中，我们还可以使用一些长尾关键词，也可以叫蓝海关键词。通常这些关键词都会比较长，而且，非常精准。举例，大家都是卖衬衣的，如果我是专卖男士高档棉麻长袖衬衣的，这时候的关键词就会非常多，包括"衬衣、长袖衬衣、棉麻衬衣、高档衬衣、男士衬衣"等，如果我要体现精准长尾关键词，那么就用"男士高档棉麻长袖衬衣、男士棉麻衬衣、男士高档长袖衬衣"等作为关键词。

（四）固定费用

行业是固定的，区域是固定的，关键词是固定的，我们的费用也要固定才行。市场的推广是个无底洞，确定了关键词后，如果不做预算管理，也是不能以小资本做大品牌的。

我们通常将一年的推广费用，化整为零，计算到每周，然后相对固定到每天。每天的费用固定了，每周的也就固定了，每月、每季、每年的预算都固定了。一般情况下，我们的费用不是一成不变的，如果我们发现特定的关键词特别有效，可以加大推广力度，同时，为了控制预算，我们可以降低其他相对无效的关键词预算。另外，在一些特殊的日子，比如广交会前后，包括广交会期间，我们一定要加大宣传力度，因为那时候客户的搜索量比较大，我们投入的广告效果也会比较好。

小资本做大品牌，其实就是四固法则，掌握住了四固，新品牌宣传推广就万无一失了。

二、瞄准你的竞争对手

（一）锁定行业第一名

进入一个新行业，找到正确的竞争对手，我们就成功一半了；当我们找到竞争对手，并且找到他们的软肋，加上自己对应的优势，我们就稳操胜券了。

在从事国际贸易工作的时候，大部分的公司都是对标了中国国内的公司，只有极少的公司会参考国际企业，尤其是国际知名企业。就如我们当年从事氢氧机的业务，最开始的时候，我们都是做贴牌，对标的也是中国的公司，但是，中国排名第一的贴牌工厂的利润也是非常低的。后来，随着我们自己建立了工厂，使用了"HHO"品牌以后，我们改变了战略，对标了国际上的第一名，彻底改变了自己的思维模式，改变了销售模式，很快就取得了成功，并且超越了国际第一名。

我们建议中国企业在做产品的时候，尤其新品牌在对标的时候，尽量少对标中国的企业，我们一定要挑整个行业最顶尖的企业，挑全球最厉害的品牌，然后，动员大家锁定它，认真研究它的一举一动，随时针对它调整自己公司的经营策略。

找准第一名以后，我们就要好好研究竞争对手，并且一定要找到竞争对手致命的弱点，这个弱点，最好是你擅长的，你的产品可以弥补这个弱点，那就更完美了。对于我们选择的行业第一名，我们通常都会以"敌人支持的，我们都反对；敌人反对的，我们都支持"的态度来应对，说白了，我们就是站在第一名的对立面。我们必须去挑战权威，挑战第一名。有人会说，我们是小品牌、新品牌，拿什么去跟行业第一名竞争呢？可是，万一我们挑战成功了呢，成功了我们就是行业第一名；如果我们没有成功，怎么办？别担心，失败了我们就是行业第二名啊。

（二）自己体验竞争对手的产品，让客户体验我们的产品

百闻不如一见，百见不如一试。竞争对手的产品好不好，除了消费者的口碑、市场的反馈，更重要的是自己体验。作为企业的一把手或企业的管理人员，我们必须第一时间清晰地知道我们的竞争对手是谁，以及竞争对手有什么优势和劣势。

为了研究竞争对手的产品，我建议对标以后，第一时间将确定的竞争对手的产品买回来，然后好好研究。我们在生产"HHO"品牌氢氧机时，就将台湾公司的设备，以及其他主要竞争对手的设备，全部买回来放在工厂，然后让我们的工程师将对手的设备化整为零，将所有的零部件拆解，一个一个拍照，一个一个研究，然后拿出准确的数字，详细的数据报告到市场部、销售部、客服部。知己知彼百战百胜，我们除了要体验竞争对手的产品，还要复盘竞争对手的公司网站、话术、广告等。我们要将竞争对手的网站内容复制下来，然后

打印给相关人员，仔细研究他们的话术，特别是研究他们对产品的表达方式，然后找出相应的破绽，我们再一对一地破解。

当我们的产品打样出来以后，可以采取"陌拜"的体验模式。通常，我们会准备恰当的话术、合适的产品，然后把产品送给自己的亲戚朋友体验。最开始的时候，我们不会告诉他们，这个是我们自己的产品，只告诉他们，这个是来自市场的产品，这样他们的心理不会被亲情左右，我们才能收到真实的客户反馈。通过他们的体验，我们会得到真实的数据、第一时间的反馈意见，然后我们再回公司复盘，改进产品；然后再体验、再复盘、再改进，直到产品完全达到我们的预期。

（三）对比自己与竞争对手的优劣势

都说在中国，我们不要跟深圳的人比谁有钱，不要跟北京的人比谁的官大。但是，我们是否可以换成，跟北京的人比谁有钱？跟深圳的人比谁的官大？在这个全球互通的世界中，你的优势，在别人眼里，可能一文不值；你的劣势，也有可能就是好过别人许多倍的优势。我们现在的许多产品，随着中国工业链的发展和成熟，同质化越来越严重，我们的许多产品可能比不上同行，但是，当我们把产品放到东南亚、非洲市场，我们就发现，我们的产品质量实在是太好了。

在阿里巴巴国际站（www. alibaba. com）的搜索栏里面，也有一个特别的功能，客户在搜索栏里面搜索任何产品以后，搜索栏下面会有几个英文单词"Add to Compare"，意思是加入比较。当我们点击了几个不同的产品以后，系统就可以自动形成一个对比图，里面包括产品的图片对比、价格对比、最小起订量对比、品牌对比等。在中国制造网（www. made－in－china. com）的搜索栏里面，同样也有一个功能键，客户搜索的时候，可以选择"List View"（列表显示）或者"Gallery View"（画廊显示）模式。当客户打开以后，一张清晰的对比图就出现了，里面有我们和竞争对手的产品的图片对比、品名对比、价格对比、最小起订量对比等。

对比过程中我们要做的就是，打败竞争对手。一切的对比，就是为了让消费者觉得，我们跟竞争对手不同，我们比它们更值得被选择。

三、三看法则：看行业，看对手，看渠道

（一）看行业，行业应用的覆盖

都说男怕入错行，女怕嫁错郎。在我们的产品应用的行业中，选择合适自己的行业，或者是选择自己有优势的行业，显得尤为重要，因为每一个产品，都可以应用到无数个行业中，每一个行业，都会造就无数个品牌。我们公司的产品硅酮密封胶可以应用在建筑装饰材料中，用以黏结玻璃、陶瓷、金属、铝塑板、石材、木材、砖瓦、水泥等材料，它被广泛用于门窗制作、铝塑板加工、卫浴施工、墙面填缝等。用的地方不同，所属的行业也不同。当我们将硅酮密封胶卖给门窗厂的时候，我们面对的是门窗行业的客户，当我们将产品卖给卫浴客户的时候，我们的行业又变成了卫浴行业。

在湖南的鱼缸市场，有一个硅酮密封胶"长鹿 GIRAFFE"卖得特别好，后来经过了解，我才知道，这个品牌在整个硅酮密封胶市场中份额并不是特别大，但是，当大家都蜂拥去做门窗、五金等行业时，他们却选择了鱼缸这个特殊的行业。鱼缸的硅酮密封胶，要求相对更高更专业，因此，人们对于品牌的依赖度比较高。经过几年的市场推广，长鹿品牌的硅酮密封胶在鱼缸市场中的应用遥遥领先。

一个产品应用的领域，只有你想不到，没有你做不到。同样，随着信息技术的发展、全球科技的互联，尤其是新材料的研发和应用，我们可以将不同的产品应用到更多不同的行业上。马，一种食草性动物，在古代被我们驯服，被用来打仗做"战马"，后来有人发现马还可以驮东西，又用它来运输；当食物缺乏的时候，我们还可以把马当成粮食吃。在当下，马又成为富人们娱乐的工具，变成了"赛马"。

一根稻草，在市场上可能一文不值；但把一根稻草绑在螃蟹上，那就可以卖螃蟹的价格。产品还是那个产品，应用的行业不同，价值就不同。我们很多的品牌，起初都是选择了别人看不上的行业，发展到后来突破重围，建造了属

于自己的帝国。当品牌占领一个市场以后，我们就要扩大产品的市场，再开发另外一个行业，以此类推。

（二）看对手，锁定前三

每一个行业都有无数个竞争对手，谁曾想到苹果公司会是诺基亚最大的对手，谁又曾想到，微信会成为移动、联通、电信的竞争对手，更没有人想到滴滴会成为广播电台的竞争对手。这是一个跨界的时代，但是，不管如何跨界，每一个行业都有龙头企业。我们要想在行业里面立足，就必须锁定竞争对手，其中，较重要的一个是直接竞争对手，另一个是间接竞争对手，此外，我们要锁定行业前三。

我们要想以最快的速度去了解一个行业，最好的方式，就是锁定行业前三，然后根据它们的销量、市场、客户等，分析它们，研究它们。根据"二元定律"的法则，市场竞争到最后，通常只会留下两个品牌。比如国际出口平台阿里巴巴的中国供应商和焦点科技的中国制造网，凉茶里面的王老吉和加多宝，可乐里面的可口可乐和百事可乐，快餐行业的肯德基和麦当劳。假如我们锁定前二，再加上第三名，那么，我们对于行业的了解就会非常清晰，对于竞争对手，也将非常熟悉。

假如我们从事中式快餐连锁业务，谁是我们直接的竞争对手，谁是我们间接的竞争对手呢？我们一般定义的直接竞争对手是蒸美味、南粉北面、卢小鱼酸菜鱼米饭，间接的竞争对手是肯德基、麦当劳、吉野家。为什么说肯德基、麦当劳、吉野家也是我们的竞争对手呢，我们看看肯德基的菜单就知道了。肯德基不光卖汉堡、鸡腿、鸡翅，还有"藤椒嫩笋鸡块饭"。

锁定三个直接竞争对手，锁定三个间接竞争对手，然后在竞争对手中间找到差异，找到自己的优势。

（三）看渠道，销售渠道与销售模式

每一个行业，每一个产品的销售渠道，无非都是线上和线下渠道。销售的过程中，分出了代理、加盟、直营、连锁的销售模式。通常国际版的代理、加盟模式，都是通过经销商去发展，相当于 B2B；直营和连锁，一般都是自己建立团队，相当于 B2C。比如我们熟知的中国品牌的手机中，小米手机是典型的以线上为主导而成功的品牌，OPPO 和 vivo 恰恰相反，它们是以线下门店为主导而成功的品牌，华为手机是通过经销商模式转型为线上学习小米、线下学习 OPPO 而成功的品牌。

每一个行业的发展，品牌的打造，终极目标都是线上线下一体化。但是，做国际品牌一个巨大的分割线就是选择代理商还是直销，代理商相当于是借船出海，直销是造船出海。借船出海相对来说，成功的概率比较高，比较快，毕竟不需要自己造船，唯一美中不足的是，借的船够不够支撑我们的品牌。另外，借的这个船，能划多远，能合作多久？造船出海，是每个品牌推广的理想状态，相当于命运掌握在自己的手上，可惜的是，造船往往需要巨大的成本，而且需要非常系统的支持，否则，不知道从何下手，再者造出来的船有可能石沉大海，最终竹篮打水一场空。目前中国大部分的大品牌，在国际市场上推广的模式都是以直营和连锁为主，也包括在海外设立分公司、子公司，建立自己的仓库、办事处等。大部分中国的新品牌、小微企业会选择以代理、加盟的形式去开拓国际市场。毕竟一个小微企业，起步就想建立自己的直营、连锁渠道，相对来说非常困难，同时，一个品牌在一个地区推广，需要大量的人、财、物力的投入，也包括大量的广告宣传、市场区域的内部渠道拓展、业务的开展，这些工作不光所需费用非常高，而且耗时非常长，企业将面临巨大的风险。

当我们确定了行业，锁定了行业前三以后，我们就要分析竞争对手的渠道。如果敌人是从城市包围农村，那么，我们就从农村包围城市；如果敌人都是从农村包围城市，那么我们就考虑从城市包围农村。竞争对手云集的渠道，我们就避其锋芒；竞争对手都看不起的渠道，我们可以好好分析，认真分解，说不定开拓这样的渠道会有意想不到的效果。

第四章

如何选择
一个爆款的品牌产品

第一节　产品定位的法则

一、聚焦法则

（一）少即是多，多即是无

在所有的战略设计中，取舍最重要；在所有的产品定位中，聚焦最重要。2018 年 6 月 2 日，我在上海参加中国企业家校长汇举办的"奇胜营销"的培训，在此期间，我们有一个课程需要进行个人公司的产品路演。我们的一位同学，戴道金校长，他认真地讲解了他们公司的故事。原来，他是浙江新德宝机械有限公司的创始人，他们工厂是专门从事设计和生产纸杯和纸碗机制造机器的，他们的机器生产出来的杯子被广泛应用在"香飘飘"奶茶、"康师傅"方便面等中国驰名商品上。当他讲完以后，我们问他，既然"新德宝"已经成为中国纸杯和纸碗机制造机器生产制造行业第一，那为什么不同时开发其他配套的机器，而仅仅只做生产纸容器的机器呢？

戴道金校长说，他们之所以能成为行业第一，就是因为他们坚持了做精做专的原则，公司 18 年来，一直只专注于研发纸容器制造的专业设备，也就是现在的纸杯和纸碗机制造机器，并把这一个产品打造成了爆款。他说，假如他们短时间内开发了第二个产品，他们就没有办法集中精力去做好纸杯和纸碗机制造机器了。所以，他认为他们的成功就是因为聚焦、专注。因为比别人更聚焦，更专注，把一个产品做精做深，产品质量比别人好，服务比别人好，价格也适中，所以能满足客户的需求，甚至是超出客户的期望，并且让他的客户爱上"新德宝"纸杯制造机器，国内外企业重复购买"新德宝"制造机器的客户络绎不绝。

在产品定位中，一定不能"贪"，按照传统的思维，人们往往想做更多、更全。在企业中，许多企业家在产品定位上，往往好大喜功，用大而全的思想去打造产品，实际上，这些方法都是错误的。

聚焦，就是取舍，就是战略。当我们选择了更少的时候，实际上，我们就相当于选择了更精。精益求精，我们就能在一个点做到极致，从而成为中国第一，世界第一。这也好比一个人，你可能会画画、唱歌、踢足球、打太极，但是，假如你不聚焦，不专注研究一个项目，并且不断地练习，你是不可能成为中国第一或者世界第一的。相反，假如你只选择一个项目，比如画画，你只聚焦所有跟画画有关的技巧进行学习，反复练习，你才有可能成为中国第一，世界第一。

（二）打井理论

吃得苦中苦，方为人上人；只要功夫深，铁杵磨成针。一个人要想成才，就必须吃苦耐劳，一个产品要想成名，就必须精益求精，以工匠精神去打造。鞭炮行业，作为有着几千年历史的传统行业，最近几年，受国家环保政策的影响，大部分鞭炮企业的业绩都下滑，有些企业甚至破产。但是，我有一个开鞭炮公司的同学，叫黄永清，他们公司最近三年的业绩不但没有下降，反而逆势每年增长30%以上。经过沟通，我得知他们公司的名称是"长沙市天禧烟花鞭炮有限公司"，他们的"天禧吉缘"品牌，因为品质过硬，营销到位，服务良好，已经做成了鞭炮行业第一，尤其是在湖南、贵州的市场，逢年过节，更是供不应求。

为什么"天禧烟花"这么受消费者喜欢呢？我与同学认真调研发现，天禧烟花成功的核心是黄永清对鞭炮行业研究得专、精、深。他把研究鞭炮这个产品当成挖井一样，20年如一日，研究鞭炮的原料、工艺、生产、营销等，当别人把井挖到500米的时候，他已经把鞭炮这口井挖到1 000米；当别人挖到1 000米的时候，他已经挖到2 000米，甚至更深。2018年9月23日，他的工厂更是引进了机器人全自动的生产线，既保证了安全，还保证了质量，最关键的是，他的机器人一旦正式投产，成本将同比下降 20% ~ 25%。当同行都在扩展自己的产品的时候，他恰恰相反，只聚焦在鞭炮上。

我们选产品，做产品，就应该像打井一样，一口井挖到底，一个产品做到底，不达目标不罢休。在打井的过程中，当大家都打到 100 米的时候，会发现碰到了岩石层，这就跟我们品牌的推广销售一样，遇到了阻碍，这时该怎么办呢？答案就是把这个岩石层打穿，当我们能把一口井持之以恒地打穿，把一个产品做专做透以后，别人就再也跟不上我们的节奏了，我们的品牌也就可以先人一步，胜人一筹。

二、第一法则

（一）第一就意味着优先成功

2009 年，赖志强从吉首大学音乐表演专业毕业，他的第一份工作是摩的司机。第二年，他用积攒的 6 000 元，创办了自己的工作室：D 调艺术培训中心，开启了创业之路。一台二手钢琴、一台二手空调、一台二手电脑、一套音箱、一个自己亲手钉的广告牌，就是他创业时的全部家当。2011 年，电商市场迅猛崛起，赖志强将目光投向了钢琴的网络销售。奇怪的是，他发现在淘宝、天猫平台上搜索"钢琴"，竟然找不到钢琴行业的类目。但是，他相信，互联网一定有市场，于是他成为第一个在网上卖钢琴的人，用他当时的话说，想吃天鹅肉的癞蛤蟆出现了。2012 年，赖志强自创了长沙乐和乐器有限公司，并且注册了"卡罗德 CAROD"钢琴。借助互联网的东风，"卡罗德 CAROD"钢琴在淘宝、天猫上很快热卖，也同时在国际上热卖。截至 2015 年 12 月 31 日，赖志强公司全年营业额逾亿元，卡罗德钢琴更是一度占据 60% 互联网钢琴销售市场份额，一跃成为国内著名互联网钢琴品牌，从此"钢琴王子"赖志强的名声不胫而走。2018 年天猫"双 11"购物节，卡罗德钢琴凭借过硬的产品质量、良好的客户口碑，当日销售额达 2 000 万元，这也是卡罗德钢琴连续六年取得天猫同类商品销售冠军。

卡罗德钢琴的故事，只是一个互联网第一品牌的缩影，毕竟他是第一个在淘宝、天猫上卖钢琴的人。也正因为是第一人，所以造就了卡罗德钢琴品牌的成功。在我们所熟知的第一中，还有"三只松鼠"，这个在 2012 年 2 月 16 日才创立的新公司、新品牌，是中国第一家定位于打造纯互联网食品品牌的企业，它竟然在短短的几年时间飞速发展，仅 2017 年年度销售额就达到了 68.5 亿元，很快成长为中国坚果类的第一品牌，也成为中国销售规模最大的食品电商企业。

一个行业，谁能做到第一，谁就是这个行业的王者。淘宝（天猫视为一体），电子商务行业第一，交易额超过行业第二、第三、第四名的总和；可口可乐，碳酸饮料行业第一，营业额和利润都超过了行业第二、第三名的总和；苹果，手机行业第一，利润超过行业前五，甚至前十名的总和；谷歌，搜索引擎行业第一，营业额和利润都超过行业第二、第三名的总和。我们身边的每一个行业，都有一个行业第一，这些行业第一的企业不断地在巩固自己的优势，不断地提升自己的品牌，几十年以后，我们会发现，原来的行业第一，一直都是行业第一，从来都没有换过。这或许就是行业第一的魅力，王者的魅力。

（二）唯一也是第一

2013 年 5 月，我们开始从事氢氧机的外贸出口业务。在这期间，我们的产品一直不温不火。受同质化产品的影响，加上我们又是贸易公司，产品销售毛利只有 15% 左右，销量也一直上不去。2014 年我们创立了自己的品牌"HHO"，同时，我们又研发了一个新的技术，把传统的生产纯氢氧气的氢氧机，加上了一个纳米液，通过双重除碳的模式，改变了整个产品的技术和客户的商业模式。我们建立了自己的工厂，毛利提升到了 65%，业绩直线上升，销售员的提成也翻倍了，在纳米液的提成上，我们的提成达到了销售额的 15%。一个双重除碳的氢氧机，彻底改变了我们的企业，也彻底改变了我们的员工，更彻底地改变了整个行业，使得我们的"HHO"品牌超越台湾的品牌，成为行业第一。从此以后，研发工作也一发不可收拾，我们的氢氧机先后取得了5项发明专利、20多项实用新型专利以及上百个商标等。

唯一等于第一，一个唯一的产品可以改变一个企业，可以让你迅速成为行业第一。

（三）第一的创新方式

第一的创新能力，来源于第一责任人。每一个企业的创始人都是企业创新的第一责任人，每一个部门的负责人都是创新的责任人、使用人和受益人。一个企业，一个产品，要想创新，首先是改变董事长、总经理和大家的认知，然后改变他们的思维，这样才能改变他们的行为，最后改变结果。另外，创新的第一个方式，就是思维创新、模式创新。

在我们的新产品、新品牌中，创新意味着革命。在中国，提到"创新"两个字，肯定会提到华为。华为不管是在技术，还是在管理上，都进行过革命性的创新。根据华为2017年年报显示，截至2017年年底，华为累计获得专利授权74 307件，累计申请中国专利64 091件，累计申请外国专利48 758件，其中90%以上专利为发明专利。华为坚持每年将10%以上的销售收入投入研究与开发，2017年，从事研究与开发的人员约8万名，占公司总人数的45%，研发费用支出为人民币896.9亿元，约占全年收入的14.9%。近十年累计投入的研发费用超过人民币3 940亿元。华为在企业管理上的创新，也是备受世界瞩目。华为的虚拟合伙人制度，从1990年至今都受到大家的追捧。

我们要想在一个行业做到第一，可以有许多的方式，比如技术创新、客户管理创新、企业文化创新、干部培养创新等。技术的创新、管理的创新，才能促使我们不断进步，不断地让我们的品牌打下一个又一个胜利的战役，最终真正把品牌做到第一。另外，我们还可以进行语言创新，进行一个"自封第一"的新模式。当行业竞争非常激烈以后，产品同质化、价格战随之而来，同时，每个企业都会形成自己各式各样的"第一文化"。按照《中华人民共和国广告法》的要求，我们在广告宣传中，禁止使用"第一""第一品牌"等词汇，但是，有的企业会说，"2018年产品年度销量达到100亿"，比如"掌握核心科技"等词汇。按照我们国家工商行政管理总局的法律法规，我们不能有任何的虚假广告。所以，我们的新产品、新品牌，非常难以真正超越广告中的"第一"。

那么，我们如何让自己的新品牌、新产品以最快的速度变成"第一"呢？我们可以用适当空间来形容，我们没有做到中国第一，我们也没有做到湖南省第一，甚至是没有做成长沙市第一，但是，我们可不可以变成"街道第一"呢？这是完全可以的，也是完全符合法律法规规定的，我们可以自诩"某某街某某产品销量冠军"，尤其是全球品牌，大多数的人关注的是"冠军"字眼，极少人去关注你是哪个省、哪个市或者哪个区的冠军。

三、差异化法则

（一）卖产品就是卖不同

做公司就是做品牌，做品牌就是做不同。我们在塑造产品的时候，千万不要进入误区，很多企业都会说，自己的产品比竞争对手的产品哪里好。实际上，这个世界，要比好太难了，而且任何产品都没有最好，只有更好。如果我们在跟竞争对手比较的时候，选择的是差异，那么这是比较容易的，而且是独一无二的。

卖产品就是卖不同。有一个关于卖辣椒的故事是这样的：有一个卖辣椒的门店，卖辣椒的人总会遇到这样的问题，"你这辣椒辣吗？"怎么回答呢？说辣吧，怕辣的人立马走了；答不辣吧，也许人家喜欢吃辣的，生意还是不成。我们来看看会卖辣椒的老板的卖法。来了一个买主，问的果然是那句老话：辣椒辣吗？卖辣椒的老板很肯定地告诉他："颜色深的辣，浅的不辣！"买主信以为真，挑好付过钱，满意地走了。不一会儿，颜色浅的辣椒就所剩无几了。又有个买主来了，问的还是那句话：辣椒辣吗？卖辣椒的老板看了一眼自己的辣椒，信口答道："长的辣，短的不辣！"果然，买主就按照她的分类标准开始挑起来。这轮结果是，长辣椒很快告罄。看着剩下的都是深颜色的短辣椒，这时候怎么办呢？当又一个买主问"辣椒辣吗？"的时候，卖辣椒的老板信心十足地回答："硬皮的辣，软皮的不辣！"可不是嘛，被太阳晒了半天，确实有很多辣椒因失水变得软绵绵了。

卖产品就是卖不同，我们可以卖不同的原料、工艺、流程、技术，还可以卖不同的概念、思维、模式等。总之，我们要想尽一切办法卖不同，而不是卖更好。

（二）差异化意味着需求个性化、定制化

差异化意味着个性化、定制化。世间一切所谓的好与坏，都是因人而异。就比如我们有人喜欢吃精肉，有人喜欢吃肥肉；有人喜欢吃杧果，有人却因对杧果过敏而讨厌它；有人吃香菜，有人却连闻都不喜欢闻；中国人喜欢用筷子，欧美人却喜欢用刀叉；中国人喜欢喝白酒，欧美人却喜欢喝威士忌。差异化的东西，意味着我们跟别人不一样，意味着，这个差异化的内容，刚好就是我们需要的，或者是我们喜欢的。

我们在为客户提供个性化、定制化产品的过程中，一定要根据客户的需求去做，也就是说，万变不离其宗，一切的个性化都是为了满足客户的订单，超出客户的期望。2018 年 3 月 20 日，湖南高朗烈酒有限公司（以下简称高朗烈酒）的业务员接到了来自客户的订单，客户是一个中国连锁酒吧集团，之前向他们采购过"高朗 Gaolong"品牌的烈酒。客户要求公司研究一款来自法国的"干酒"，这款酒因为非常有特色，在酒吧的酒水里面很畅销。高朗烈酒的创始人，高开朗告诉我们，他们接到客户的需求以后，马上组织了公司的研发部、生产部、销售部、客服部等部门召开专题会议，并针对法国这款干酒进行多次试验，最后，组成了专门的"干酒团"，经过了 28 次的反复调试，终于在 2018 年 11 月 25 上市了自创酒品"MonaFrcc"。当他们将"MonaFrcc"品牌的干酒送给客户，让客户用法国原装进口的干酒进行盲品比对，结果出人意料的是，所有的人都选择了"MonaFrcc"，因为大家觉得这个品牌的干酒更香，更适合中国人的口感。"MonaFrcc"现在已经成为酒吧的一款畅销酒。

我们每天用碗吃饭，请问一个吃饭的碗值多少钱。我们去大润发超市购

买，一般的碗也就 17.8 元一个；如果我们在这个碗上印上漂亮的花纹，或许就卖 58.8 元一个；如果这个碗让我们当代著名的画家，手工绘画，然后烧制的话，或许就卖 6 888 元了；如果这个碗是宋代的，再加上是完整无缺的，那估计就要卖 1 800 万元了。产品的本质没有变化，但是，产品的特性却变了，产品的用途也变了。17.8 元的碗就是拿来吃饭，58.8 元的碗只是更好更漂亮，6 888 元的碗就拿来观赏收藏，1 800 万元的碗，那就是古董了。差异化就是我们换一个思维，换一种客户群体，换一个新的方向，以满足客户的需求为核心，以超出客户的期望为目标，打造让客户喜欢、让客户满意的产品。

（三）差异化的塑造方法：功能、用途、原料、工艺等

我们在塑造产品差异化的过程中，可以围绕一切消费者关心的事情去做。每一个产品，每一个客户，虽然大家重点关注的内容不同，但是，核心的产品原料、功能等，是所有人都非常关心的。

以功能为例，我们大家都在使用手机，不同的消费群体，使用了不同的功能。年轻人普遍喜欢能上网、打游戏，拍照漂亮的；老年人受视力、听力的影响，更喜欢老人机，在农村，那种声音大、键盘按键大的手机最受老年人欢迎。我们家家户户都在使用洗衣机，大家一听这个名字，肯定知道它是拿来洗衣服的。可是，1996 年，海尔洗衣机的客服却老是收到四川成都一位农民的投诉，说洗衣机的排水管被堵了。客服人员上门维修以后发现，这位农民用洗衣机洗红薯，因为泥土大，所以排水管经常堵住。客服人员帮农民大哥修理完毕以后，马上将这个信息反馈给了海尔总部，张瑞敏知道以后，成立了部门专门研究洗红薯的洗衣机。1998 年 4 月，可以洗红薯的洗衣机面世了，首次生产了 1 万台，瞬间被一抢而空。洗衣机还是洗衣机，可是当它既可以洗衣服，又可以洗红薯的时候，功能就变化了，差异化自然就出来了。

江湖地位、生产工艺等都可以成为我们的差异化。你、你的团队都是独一无二的，如果你或者你的团队中有顶尖的行业工程师、政府高层等稀缺资源，这就都是你们的差异。还有一些只有你能做到的工艺等，也是塑造差异化的核心方向。

第二节　如何从现有行业中选择合适的品牌产品

一、品牌产品的三大要素分析

（一）市场分析

俗话说，"男怕入错行，女怕嫁错郎"，选择一个好的行业，就跟女人嫁对老公，男人娶对老婆一样重要。行业选对了，事半功倍；行业选错了，事倍功半。作为企业的一把手，要想成功打造一个品牌，第一目标是找对一个行业，找到一个好的产品。每一个行业都有相对合理的周期，任何一个产品，都会经历萌芽期、发展期、鼎盛期、衰退期，我们选择的市场周期非常重要。

大家知道，在中国，有两大凉茶，一个是王老吉，还有一个是加多宝。在15年前，中国国内灌装凉茶的市场有多大？合计不到1亿元人民币，但是今天的市场有多大？接近200亿元人民币。目前，王老吉的海外市场已经覆盖五大洲，足迹遍布全球60个国家和地区。我们湖南中榜集团有限公司的一个供应商佛山市奇乐饮料食品有限公司，他们在佛山生产凉茶，并且推广自己的品牌。1994年1月14日成立至2003年期间，公司凉茶总销售额不超过1 000万元，但是，2004年以后，王老吉"怕上火喝王老吉"的广告词，带动了整个凉茶市场，凉茶从广东一个名不见经传的地区特色饮品，走向全中国，走向全世界。2018年10月广交会期间，我去拜访这位老板，他们告诉我，他们现在一年的凉茶销量已经达到了5 000多万元人民币，夏季的时候凉茶在三线城市还供不应求。

1. "四看法则"分析市场周期

（1）看行业：看行业总规模、动态、趋势。

分析工具：协会、论坛、沙龙、媒体、展销会。

方法：关注龙头企业、行业前十。

作为外贸的首选综合性展会，推荐大家去看广交会，广交会期间，我们可以看到不同行业的展品、客户群、客户流量等。同时，每天下午展会结束，广交会新闻中心都会发布官方的展会报道，包括参展规模、国外客户参展人数、成交金额等，通过广交会公布的成交数据，可以真实地反映这个行业的动态。

2018年11月5日至10日，中国国际进口博览会在国家会展中心（上海）举行，这样综合性的展会，通常都会展示来自全球各地的新技术、新产品、新设备，我们可以借此查看整个行业的规模、动态、趋势。同时，通过关注"中国国际进口博览会新闻中心"，我们可以看到最新的行业报道、行业大数据，以及行业的未来方向。

如果需要选择精准的产品，可以关注行业展会，比如上海国际汽车零配件、维修检测诊断设备及服务用品展览会（俗称"上海法兰克福汽配展"），类似的还有建材展、化工展、机械展等。

作为外贸的从业人员，加入行业协会是我们企业发展与壮大的必选渠道。行业协会是一种民间组织，它介于政府、企业之间，商品生产者与经营者之间，不属于政府的管理机构，而是政府与企业的桥梁和纽带。行业协会属于中国《民法》规定的社团法人，是中国民间组织社会团体的一种，即国际上统称的非政府机构（又称NGO），属非营利性机构。我们加入行业协会，就能随时关注行业的动态，一个行业协会里面，多则有成千上万会员企业，少则有几十家会员单位，通过行业的月报、年报、活动情况，可以折射出整个行业的动态趋势。另外，我们可以通过行业协会里面的标杆企业的公开数据，比如公司营业额、利润、团队人数、增长数据等，分析出行业的规模、走势以及最新动态。

阿里巴巴作为B2B电子商务的龙头平台，组织并成立了大量的B2B跨境行业协会。比如，深圳有代表性的外贸行业协会，包括：深圳市电子商务促进会、深圳市网商协会；广州有广东省电子商务商会、广东省电子商务发展促进会、百年网商会等；长沙有长沙市跨境贸易协会。

（2）看客户：经营模式、客户需求。

分析工具：定期锁定重点客户及行业标杆客户。

方法：关注行业前十。

大部分行业都可以在市场上找到标杆或者自己熟悉的重点客户。我们可以关注这些标杆是采用什么样的经营模式，是代理、直营、加盟还是连锁方式。假如找到标杆客户的代理，我们可以作为消费者去体验，边体验边拿到自己想要的数据。我们还可以浏览标杆的官网，包括标杆的 B2B 平台，比如阿里巴巴平台里面有一个授信金额以及交易历史数据，我们通过交易历史数据，可以得到真实的标杆客户的分布国家、交易时间和频次。另外，很多标杆企业，都会在自己的官网标注各个国家或区域的代理联系方式，我们可以与代理取得联系，作为消费者去体验。另外，我们还可以通过软件"启信宝""企查查"，输入企业名称或者想要调查的客户名称，得到我们想要了解的数据。

在第一次接触新买家的过程中，正确理解买家需求至关重要。可以说，谁能找到客户的需求，谁就有机会占领市场。通常，我们需要找到客户的一般需求、个性需求和隐性需求。我们可以做市场调研，利用互联网的优势，比如 Facebook 在线加行业好友，一对一有针对性地聊天，得到我们的答案。在客户需求中，每个客户的答案是不同的。比如一位 40 岁的女士买一支口红，她的一般需求是希望通过口红把自己打扮得漂亮，个性需求是青春、时尚、不落伍，隐性需求可能是为了提高自己的吸引力。

（3）看对手：经营模式、经营数据。

分析工具：网站的推广渠道、关键词的数量和排名、海关数据。

方法：关注海关数据分析、GDP 排名、中国进出口数据排名、广交会排名。

我们通过互联网可以将对手的英文名字放入各大平台去搜索，比如谷歌、阿里巴巴、中国制造、环球资源、Facebook 等渠道，查看竞争对手的排名。通过平台，我们可以清晰地分析出竞争对手的推广费用，比如是否做阿里巴巴的金品诚企，一个金品诚企的投入是 80 000 元人民币。作为竞争对手，我们还要细致研究行业的关键词数量和排名。我们通常会固定 10 个主打的产品关键词，不定期地放入各大平台去搜索，随时关注竞争对手的排名情况。按照互联网的游戏规则，正常情况下，排名越靠前，得到国外客户的采购咨询的概率就越高。互联网的关键词排名，就是一个真实的经营反馈。

当下，在外贸的实际操作中，有很多功能性软件，可以供大家去选择。比如，上海特易信息科技有限公司（简称"特易资讯"），这个平台有一个非常实用的功能，可以查询到不同产品的海关数据，里面包含真实的海关报关的数据信息。我们可以将竞争对手的英文名称输入软件里面，然后会得出这个企业的交易信息，包括客户的姓名、地址、电话等，同时，我们还可以看到交易的金额、数量等。

（4）看自己：资源情况、经营数据、客户反馈、三大率（市场占有率、完成率、增长率）。

分析工具：同学会、沙龙。

方法：关注关系程度、关联程度。

选择一个好的供应商，比找到一个好客户更重要。所以，在关注行业、客户、对手的同时，更要关注自己有什么样的资源。比如有没有好的供应商，自己的亲戚、同学、朋友中，有没有开类似工厂的，有没有做相关生意的。结合自己的团队情况、资金实力，综合评估自己的优势和劣势。

我们湖南中榜集团有限公司在 2017 年 12 月 27 日启动了一个专注于研发、生产电版蒸汽洗车机的新项目，同时注册了一个新品牌 GOCLEAN，这个产品其实是我们工厂的一个新产品，但是，我们借助原来做氢氧机的供应商的研发和生产实力，在非常短的时间内，研制了最新款的蒸汽洗车机，节省了沟通时间，缩短了产品开发周期，同时又加深了与原来供应商的关系。但是，随着市场需求的提高，我们发现，我们之前生产的电版蒸汽洗车机不能完全满足市场需求，我们又去开发柴油版蒸汽洗车机，这个时候我们发现，新的供应商非常难找。要么生产的设备质量不行，要么价格太高，要么工厂太小，要么不符合国外客户的要求，几番折腾，花费了几个月的时间考察、打样，最后才找到合适的工厂。所以，在选择行业的过程中，一定要结合自身的供应商资源，选择质量稳定、适合自己的供应商，以便最短的时间内做出比较好的产品，降低品牌失败的可能性。

在以往成交的客户中，我们需要找到客户的真实反馈，对产品质量、价格、外观等进行综合性的评价，通过客户对产品的复购金额、频次，重新定位自己的优点。

2. 市场分析后的建议

（1）首选：现有市场为零的产品。

2017年11月，我们进入了一个全新的出口领域：瓷缝胶，俗称美缝胶。这个产品国外的客户都不知道，也完全不明白用在哪里，有什么好处。可以说，这个产品在国外市场是一片空白。2017年12月10日，我们推出了自主品牌"KaStar"，面向全球发售。

总结：选择外贸产品的行业周期，处于萌芽期的产品最合适，尤其是对小品牌而言。一个行业的萌芽期，没有大品牌，没有垄断品牌，适合小品牌的发展。如果我们能在萌芽期，树立自己独特的品牌思想，让消费者记住我们，慢慢地，我们就可以发展成大品牌。

（2）选择自己最熟悉的客户或者用户群体，然后再定产品。

（3）市场上无"二元"。比如凉茶市场的王老吉和加多宝，可乐市场的可口可乐和百事可乐。一旦形成二元市场，这样的行业和产品将非常难做，可以说是刀枪不入。

（4）市场有"新概念""新品类"的产品出现，且从事这个行业的人并不太多。方法：阿里巴巴官网搜索、中国制造网官网搜索、谷歌搜索。

（5）选择中国模式已经成功，但是国外市场为零的产品。

（二）利润分析

选对了行业，选对了趋势，意味着产品选择成功了一半。但是，要想真正赢利的话，我们还要选择利润高的产品。做企业，很多的老板非常关心销售额，实际上，选择产品，尤其是刚开始，更应该关注利润率和利润额。如果是传统的行业，一般情况下，产品拥有同等质量和定位的情况下，行业的利润基本都是差不多的。选择利润高的行业和产品，能给团队带来比较高的提成和收入，也可以给营销部门更多的费用支持，最终提升品牌成功的可能性。

经研究发现，所有成功的品牌背后，都是高毛利。一个品牌如果没有高毛利，是很难走长远的。一个全新的品牌，更加需要高毛利，因为未来我们需要大量的营销推广费用，而这些钱，都要计入产品的成本里面。我们只有拥有充足的子弹，才能持续地推广，持续地成功。

为了研究行业产品的利润，我们可以从买方和卖方两个不同的角度去分析。

首先，从买方的角度，我们可以作为消费者，直接询问工厂、经销商等，询问他们的真实单价、优惠价格等。通常情况下，我们都会从阿里巴巴的1688、百度等平台搜索行业前十公司产品的卖价，然后找到他们的官网或淘宝、京东等网店一对一地询价。同时，我们可以以公司的名义，要求对方提供总监或者老板的联系资料，争取拿到最低的价格。

其次，为了得到卖方的真实价格，我们可以通过邮件形式，发送给中国供应商，让他们报价。我们可以挑选行业前十的企业，让他们报同等质量、不同数量的产品的价格，这样，我们就能核算出市场的卖价。在这个过程中，我建议参考价格一定是国外的行业前十，而不是中国的行业前十。因为很多中国的出口企业还停留在贴牌、赚加工费的阶段，这些企业的报价，往往都非常低，可以说参考价值不大。

综合中国的供应商成本报价和国外的行业前十的售价，我们就能分析出行业的利润，找到那些高毛利的产品。

（三）销量分析

企业的利润等于单价乘以销量，高毛利很重要，销量也非常重要。

在外贸的销量分析中，我们可以借助一些非常好的工具。比如，上海特易信息科技有限公司的海关数据分析软件。通过这个软件，我们可以搜索到全球50多个国家真实的进出口数据，可以分析我们想要的产品的销量、单价、金额等。

我建议使用软件的工作人员，将自己需要的关键词搜索完毕以后，将数据用 Excel 格式下载到电脑，然后组织相关部门进行数据汇总。软件里面包含有不同国家的数据，如果我们要细分出一个区域，就需要自己一个一个去核实。通常，我们拿到信息以后都会把行业前三的企业数据放到谷歌、阿里巴巴等各大平台搜索。一是核对分析数据的真实性，二是看看客户的官网，通过官网里面的文字描述、团队合影等，判断这个公司的规模，倒推行业的销量。

当我们在淘宝、天猫购物的时候，我们习惯去看这个产品的"累计评论"和"交易成功""月销量"，一个是看看消费者的好评，还有一个是看看这个产品的销量。交易成功或者月销量的数字越大，证明这个产品越受消费者喜欢。其实，在阿里巴巴国际站的中国供应商平台，我们可以通过一达通的公开数据，看到平台的出口国家情况。在阿里巴巴国际站平台，有一个"Transaction History"（历史交易记录）栏目，在里面我们可以清晰地看到货物出口的目的地、日期以及隐藏的金额。通过出口的频率等数据，我们可以预估产品的销量。

二、三要素的辩证思维：九宫格

（一）销量高的产品就是好的吗？

中国的企业家，每次碰面，都会聊一个话题：你的业绩怎么样？做了多少销售额？我们在选择产品的时候，是不是销量高的产品，就一定好呢？答案是：不一定。

我们的营业收入等于销量乘以单价。所以，销量是一个重要的指标。销量高，证明产品的市场占有率高，相反，销量低，证明产品的市场占有率低。同时，大部分销量非常高的行业，毛利都比较低。受环境的影响，一个行业一旦变成红海，大家就开始打价格战。这也是为什么很多上市公司公布的报表里面，公司的营业金额非常大，但是，利润总额却非常小，甚至是亏损。

我们在选择产品的时候，除了要考虑产品的销量，还要考虑产品的利润率。当一个产品毛利非常高时，我们是不是就可以做呢？通常这种情况下，我们还需要认真思考市场的份额。比如说，我们的一个产品的毛利率是80%，这属于是非常高的，但是，假如这个市场份额一年只有100万元，那么100万元乘以80%，就算全部利润给我们，也只有80万元。

所以，我们在选择产品的时候，既要考虑产品的销量，又要考虑产品的利润，两手抓，两手都要硬。

（二）看未来发展的趋势

是不是市场选对了，利润、销量都有，我们就一定可以选择这个行业呢？答案是：不一定！我们还要看趋势。

2004年12月8日，联想集团在北京正式宣布以总价12.5亿美元收购IBM的全球PC业务，其中包括台式机业务和笔记本业务。在这个阶段，联想集团的PC业务是既有销量，又有利润，但是，我们再来看行业趋势。全球的PC在这之后的销量是下滑的，因为移动智能手机出现了。2007年1月9日，史蒂夫·乔布斯发布了第一代苹果智能手机，后来，随着苹果手机的流行，全球人民都从PC端转到了智能手机端。我们不评价联想集团收购IBM的对与错，但是，按照企业未来发展趋势的需要，以及当下全球智能手机的占有率来看，联想依然选择以PC为主导的产业布局是一个错误。全球已经不是PC时代，而是移动智能时代。

如果可以选择，我们不要选那些未来没有发展空间的产品。

三、寻找新产品的渠道

（一）亲朋好友介绍

在找新产品的渠道时，我们通常会选择从自己最信任的人开始。这时候，亲戚往往会成为我们的首选。都说"打虎亲兄弟，上阵父子兵"，我们可以看看我们的七大姑八大姨，是否有新项目，尤其是，看看他们是否有买新车、买新房。在农村，要找到一个发财的道路相对简单，那就是，过年的时候，看看村里谁开豪车回来了，然后，看看他是从事什么行业而发家致富的，另外，看看他是在哪个地区做生意。接下来，我们去相同的地区，从事相同的业务，也很有可能发家致富。这就是为什么很多地区，很多行业，都是一大堆的老乡，甚至是一个村的人。一是因为这个行业有人带，还有一个原因是这个行业跟风快。我们现在从事的氢氧机行业，就是我的表哥推荐我做的。首先是他带着我经营氢氧机产品，他从事国内销售，我从事国外销售。后来，经过我们的努力，将贸易公司发展成了工厂，直到将这个产品卖得越来越好。

同学是一个非常纯洁的群体。我们可以通过同学这个圈子找到相应的资源。我们从幼儿园、小学、初中、高中到大学、研究生等阶段，形成了一个庞大的人脉圈。在这些同学中，总会有出人头地的人，总有人会从事新的行业，做新的产品。我们往往跟距离最近的同学走得比较紧密，所以得到的资源也是最近的。但是，在同学这个圈子，我们也要好好介绍自己，不管是幼儿园还是大学同学，毕业以后，各奔东西，大家互相关注得并不够，所以，彼此已经不像在学校时一样地了解。我们可以殷切地求助同学，问问大家是否有新的产品可以合作，同时，我们也要告诉同学，自己擅长什么，让大家有资源就互相推荐一下。

作为企业家，我们很多人都参加过各种培训，比如我读过的湖南大学 EM-BA，北京大学 EMBA，中国企业家校长汇 EMBA，这些培训的同学也是选择新产品的好渠道。因为大部分同学，培训的目的一方面是学习提升自己，另一方面还是去结识朋友，寻求资源整合，所以，培训班的同学合作、合伙的案例特别多，成功的案例也比比皆是。

（二）参加行业论坛、沙龙、协会

物以类聚，人以群分，要想找组织、找圈子，就进相应的协会或者商会。我们在一个行业协会或者商会里面，可以马上找到对应的资源。

例如，我所在的长沙市跨境贸易协会其前身是由 35 家单位发起、成立的"潇湘网商会"，在这个商会中，全部都是做外贸的企业，里面有从事筷子生产加工的、陶瓷生产加工的，此外，还有化工、礼品、建材等行业的企业。随着商会队伍的壮大，会员人数增加，我们在工商局备案并注册了"长沙市跨境贸易协会"，协会里面的会员还是全部做外贸的企业。通过协会这个平台，许多企业找到了新的产品、新的合作项目，相继成立了多家新公司。

论坛、沙龙也是我们寻找新产品的一个重要渠道。如果我们已经有相对心仪的行业，那么就可以定向寻找这个行业的论坛或者沙龙。每一个行业都有自己相对专业的论坛或者沙龙。以医药行业为例，每个地区都有论坛，比如"陕西医药人年会""山东药械精英销售合规化发展高峰论坛"等。同时，还有大量的行业沙龙在区域内召开，包括大量的企业启动会、答谢会等。一个行业内大型企业的启动会或者答谢会，就是一场行业的沙龙。

当然，在中国找工厂，我们都会使用网络搜索，比如阿里巴巴集团的1688.com。这是一个综合性的工厂采购平台，我们通过1688平台，可以找到99%我们想要的产品，同时通过对比，找到自己合适的供应商。

总之，只要你用心，没有找不到的产品。

第三节　如何开创一个全新的产品品类

一、重新定义行业

（一）重塑行业

只有倒闭的企业，没有倒闭的行业。互联网高速发展的今天，我们所有的行业都可以从头再来一次，所有的企业都可以重做一次。

中国的很多行业都已经推倒重来。超市行业，从最开始的布店、药店、杂货店开始，慢慢转为农村合作社和供销社，再接着有了小卖部，慢慢地，才发展成今天的超市。随着中国经济的发展，超市越开越大，连锁超市也脱颖而出，比如国际上的沃尔玛、家乐福，中国的华润万家、永辉、大润发；接着，小型的便利店开花结果，有了7–11便利店、美宜佳、新佳宜、天福等；之后，无人超市出现了，有了Amazon Go、淘咖啡、缤果盒子等。超市这个行业没有变，但是，这个行业经营的产品却在不断变化，每天都有老的品牌倒闭，也有新的品牌加入。中国的超市，由以前的大杂烩时代，慢慢转型到精品时代，大街上专门卖水果的门店出现了，专门卖奶粉的门店出现了，专门卖蔬菜的门店出现了，也就是说，仅仅在超市这个行业，我们所有的产品都可以重塑。

除了超市这个行业，我们还有许多行业，都在发生翻天覆地的变化。高速收费员，这个延续了多年的岗位，一直是旱涝保收的。但是，即使是这样的行业，也被互联网和智能手机颠覆了。现在越来越多的地方，上高速采用自助取卡，下高速采用支付宝、微信支付，真正实现无人收费的状态。我们再来看看另外一个特殊的行业：运钞。这个行业的人员本来每天都非常繁忙地往返于各大银行间，但是，现在这个行业也正在经受着巨大的考验，智能手机与支付系统绑定后，人们付款太便利了，压根儿就不怎么使用现金了。以前的时代，没有现金不能出门，现在是没有手机不能出门，运钞车的业务也在急剧下降。

用上互联网，用上智能手机，用上你的新思维、新智慧，一切的行业都可以重塑。没有我们做不到的，只有我们想不到的。

（二）外行打死内行

最近几年，伴随着互联网的高速发展、智能手机的普及，越来越多的行业被打破了多年的界限，越来越多的外行打死了内行。淘宝干了门店的业务，让一大批门店倒闭；支付宝抢了银行的业务，让一大批制作银行卡、提款机的公司倒闭，也让银行损失惨重；微信代替了移动联通的业务，人们从此不再高频率打电话、发短信，一切都用微信语言、视频代替了；高德抢了"带路人"的饭碗，大家再也不用愁找不到路了；最让人想不通的是，"王者荣耀"竟然影响了"益达"口香糖的生意，因为以前在超市购物，人们结账排队时会顺便买个口香糖，现在的人都打游戏，对收银台附近的商品都无暇一顾。

我们来看看，未来哪些行业有可能会被跨界"打劫"呢？

未来的餐厅是否可以同时唱歌呢，例如，"胡桃里"音乐餐厅；

未来的咖啡厅是否可以同时看书呢，例如，咖啡书吧；

未来的快递公司可否可以同时卖东西呢，例如，顺丰超市。

2013 年 5 月 28 日，阿里巴巴集团抱团成立了菜鸟物流，跨界到快递行业；

2018 年 7 月 3 日，德邦物流更名为德邦快递，德邦跨界到快递行业；2018 年 10 月 22 日，京东物流正式宣布开放个人快递业务，京东物流跨界到快递行业。一个快递行业都有各种各样的外行在跨界，我们都已经分不清楚，谁是我们的敌人，谁是我们的朋友了。昨天的合作伙伴，明天可能就直接变成了我们的竞争对手。例如，美团跨界开办美团打车，一个送外卖的平台，直接跨界到打车行业；同样，滴滴出行的打车平台，立即反击，马上跨界到外卖的市场。

2018 年 3 月 1 日，上海定了全国首批智能网联汽车开放道路测试号牌发放，这意味着上海将开放真实道路，全面测试运行智能互联网汽车、无人驾驶汽车，司机可能快要下岗了。

这是一个跨界的时代，跨界的社会，跨界的国度。人人都有机会，行行都出状元。

（三）资源整合，行业重组

中国最近两年出现了一个新兴的特殊销售模式，行业内称之为"免费模式"。免费模式下，很多的产品打出的口号是：你买产品，我买单；买 1 万元送 1 万元，买多少送多少。实际上，他们是这样操作的：例如，当你买了 2 万元的按摩椅时，他们会送价值 2 万元的产品给你。请注意，他们送的是价值 2 万元的产品，这里面的实际成本可能是 5 000 元；另外，你购买的价值 2 万元的按摩椅，实际成本是 1 万元；两项成本加起来是 1.5 万元，卖家净赚 5 000 元。消费者得到的是什么呢，花了 2 万元，得到了价值 4 万元的东西。

以上免费商业模式的出现，实际上都是因为整合了行业资源，跨行跨区跨界融合而成的。互联网越发达，我们掌握的资源越多，所拥有的权力就越大，用资源换现金，用现金换空间，我们掌握了商业的核心，一切都可以按我们的意愿重新整合。

二、重新定义产品

（一）从原料出发

重新定义产品，一般都会选择从原料开始。巧妇难为无米之炊，没有好的原料，是做不出好的产品的。

在湖南益阳有一种芦笋非常美味。有人吃新鲜的，也有人做成笋干，还有人腌制笋，变成了坛子菜。同样，在湖南益阳，还有大批的工厂，从事着竹子的业务，他们将竹子做成筷子，大量出口到东南亚以及全球其他使用筷子的地方。在这类业务中，他们将筷子定义为生活用品。另外，因为生产筷子的过程中，产生了大量的竹屑废料，他们就将这些竹屑压制成颗粒，变成了生物颗粒，出口到全球各大国家，让竹子一下子从生活用品变成了工业用品。在湖南娄底，我们有一家会员企业，湖南中南神箭实业集团有限公司，它是国家电子商务示范企业，他们把竹子做成竹胶板，不但经久耐用，而且成本低，同时竹子又是可再生资源，使用起来更环保。在我的桌子上，还有一个非常特殊的礼物，那就是一支用竹子做的笔和一个竹子做的笔筒，笔筒上面刻满了《弟子规》，这时竹子又被用于工艺品行业。

原料使用方式不同，产品就不同，我们把原料定义为生活原料，那它就变成了生活用品；定义为工业原料，它就成了工业用品；定义为工艺原料，那它就成了工艺品、礼品。从原料出发重新定义我们的产品，可以将原来吃的、用的、玩的都分解，从原料的成分、产地、等级、安全等入手，重新给我们的产品下定义。

（二）从成品出发

时代在变，生活在变，我们的习惯也在改变。我们以前的手机是用来打电话、发短信的，现在变成了用来聊天、打游戏；我们原来的电视机只是拿来放电视、DVD，但是，现在它被人们拿来当黑板书写，当投影仪投放；我们原来的投影仪只是拿来放映的，现在拿来播放大屏幕电影，等等。

从成品出发，从它的功能、使用领域和用途着手也可以重新定义产品。每一个产品应用的行业、地区都不同。以无人机为例，从功能和应用领域分，无人机可以用于电力巡检拍摄、农作物监测、快速跟踪和监测环境污染、剧组跟拍、航拍、街景拍摄等。从用途来分，它可以用于零售、运输、娱乐、农业、搜索救援、家庭安全、建设等。在这些用途中，无人机又分民用无人机和军用无人机等。

我们的成品还可以从造型、包装等重新定义。我们喝水的水杯，如果是单独的杯子，那是拿来喝水的，我们当生活用品来卖；当我们为它做上精美的包装，印上精美的企业品牌以后，它就成了一个礼品，我们可以当礼品卖。我们的书是拿来读的，但是，当作者在上面签名，或者在上面写上一段励志的话，送给别人的时候，既是一本书，也是礼物。产品很重要，包装也非常重要。

（三）从形象包装出发

重新定义产品，意味着我们必须换一种思维，换一种角度去衡量我们的产品。人人都会从原料、工艺、技术方面入手，那么我们是否可以从意义形象入手呢？就是说，我们的产品能代表什么。

2002 年，曾经的云南省红塔集团原董事长，被称为"中国烟草大王"的褚时健被获准保外就医，75 岁的褚时健回到了哀牢山，种起了橙子。2010 年 2 400 亩山地种的"褚橙"风靡全中国，成为励志的"代言人"，也称"励志橙"。橙子本来是拿来吃的，现在"褚橙"变成了"励志橙"，吃"褚橙"就会想起褚时健的故事：66 岁被评为中国十大改革风云人物，71 岁入狱，唯一的女儿在狱中自杀，75 岁再次创业，85 岁成为亿万富翁。伴随着"褚橙"的成功，先后又出现了柳传志的"柳桃"、潘石屹的"潘苹果"等。另外，伴随着"褚橙"的成功，褚时健又成了中国"工匠精神"的代言人。

橙子还是一样的橙子，但我们赋予橙子一个励志的故事后，它的形象就变了，产品再次升级，所以，我们要学会包装产品，从形象上重新定义产品。

三、重新定义客户

（一）客户分类

"千变万变，客户不变"，这是我们走入客户误区的第一步。在中国，因为历史的原因，外贸行业中许多企业都是从原来的做贸易，然后到做生产，再到研发，也称"贸工技"，只有极少的企业是从"技工贸"开始的，也就是技术研发在先，然后开工厂，最后做销售。在这个发展过程中，企业选择什么样的经营模式，就会有什么样的客户。通常情况下，"技工贸"模式的客户会相对高端，客户的销售毛利也会比较高。"贸工技"模式的客户，起步或许毛利还可以，但是到了工厂阶段，压力猛增，因为建工厂、买设备，折旧非常高，综合成本更高；一旦到了技术研发阶段，企业会进入一个全新的阶段，对客户来说，也是一个全新的开始。因为一个真正做好了研发的企业，会成为具有市场话语权的企业，超前的企业，许多客户都会慕名而来。

在我们不能选择商业模式的情况下，那我们就选择我们的客户。湖南舒恋卫生用品有限公司是一家专门生产、研发、销售婴儿尿不湿的工厂，工厂的创始人徐豪林告诉我们，他们起步的时候是依靠销售的，后来才建立了自己的工厂，此后他们发现尿不湿的市场竞争太激烈了，就组建了研发团队，主动进行新产品的研发。他们发现，原来他们主打婴儿尿不湿市场，客户不但要求非常高，而且对于品质、品牌非常挑剔，最关键的是，价格还非常低。现在，他们正在改变自己的客户群体，因为有一个特殊的新的使用尿不湿的群体在出现，那就是生病的成人。以前，只有婴儿是用户，现在重新定义客户以后，成人也成了他们的客户。

重新定义你的客户，让一个人变成一群人；重新定义客户，将原来的"穷客户"换成"富客户"，将"富客户"换成"超级大富豪客户"；重新定义客户，将原来的儿童消费者换成成人消费者、将成人消费者变成儿童消费者等。

（二）客户分层

2018 年 12 月 23 日，我作为中国企业家校长汇湖南分会的私董会教练，走进了常德阳光名妆化妆品公司，我们开启的私董会主题是"如何做好客户的分层分类管理"。其间，我们针对阳光名妆做了一系列的主题探讨，并给出了相应的解决方案。2019 年 1 月 31 日，阳光名妆的董事长王庆玉给我们私董会发来了会议实施报告。阳光名妆，作为有着 19 年历史、上百家专卖店的中国知名品牌，目标客户错综复杂，数不胜数。他们在私董会以后，落地了三个项目。首先，进行了大客户的画像，根据客户的消费金额、消费的品牌纬度，画出了高中低三层次客户，同时，设置了大客户会员的等级，有普通会员、VIP会员、金卡会员、铂金卡会员。其次，他们进行了大客户的资料分层分类管理，将所有分店的数据上传到总部管理。最后，他们设置了客户开发与维护流程，制定了一系列的执行标准，比如日常维护、节假日维护、增值服务等。王庆玉董事长告诉我们，因为阳光名妆对客户进行了分层分类，现在客户管理得更好了，客户服务也上升了一个档次。

客户分层分类，意味着公司的经营管理进入精细化，也意味着公司的利润进入精打细算阶段。把客户分高、中、三层次，相当于把公司的战略进行了细分：高端客户，重点对待；中端客户，好生对待；低端客户，区别对待。我们只有将低端升级为中端，中端升级为高端，公司才有更多的利润，我们的客户管理才能做得更好。

（三）客户培育

现在谁是我们的客户？明天谁会是我们的客户？未来谁会是我们的客户？每一个企业都要思考我们的稳定客户、潜在客户以及未来增长性客户都是谁。客户培养需要一个周期，每一个行业都会经历萌芽期、发展期、鼎盛期、衰退期，我们在这四个不同的时期，都要做好客户的培育。

洗衣凝珠，一种号称"一颗可洗一桶衣物"的专门用于清洗衣物的洗衣剂。洗衣这个行业，最古老的方式是皂角洗衣，后来出现了肥皂、香皂，再接着又有洗衣粉、洗衣液，经历了从"烧手"到"不伤手""不脏手"的变革，现在的洗衣凝珠属于最新的一代。惠州美熙生物技术有限公司的董事长王轩，在这个行业有着超过20年的经验，他介绍说，洗衣凝珠从2014年进入中国，他们从2015年就开始研发、生产、销售"芭彩"洗衣凝珠。从2015年到2018年上半年，"芭彩"洗衣凝珠投入了大量费用进行市场营销推广，但是，因为消费者根本不认识这个产品，整个市场销售额都一般。但2018年下半年开始，这个行业突然间爆发了，仅天猫店的产品销量增速就达1 000%。截至2019年3月20日，"芭彩"洗衣凝珠在电商渠道已然成为这个品类的畅销品牌。

　　客户培育就是市场培育，市场培育为整个行业，品牌培育为自己。我们要想开创新品类，就必须从培育客户开始；我们要想让新品类被自己的品牌占领，那就要把客户培育成自己品牌的忠实粉丝。

第五章

外贸品牌设计的
核心三要素

第一节　如何设计理想的中英文名称

一、品牌三法

（一）英文名称不用中文商标的拼音

我们之前分析了，中国企业最容易犯的错误是直接将中文音译出来作为英文商标。在我们的商标设计中，务必不要用中文商标名的拼音形式作为英文商标。

拼音是中国的注音方法，我们中国人使用比较多，国外客户看不懂它是什么意思。比如，我们公司的名字"中榜"，假如用拼音作为商标的话，那就是"ZHONGBANG"，国外的客户看到以后完全猜不到这样的英文商标要表达什么意思，也不知道它是什么产品。还有，我们工厂的名字"湖南氢氧王环保科技有限公司"，品牌名如果变成"QINGYANGWANG"，我估计没有哪个老外能看懂。

另外，拼音的商标，对于国外客户来说，字母太多太长了，比如我们中国的知名商标五粮液"WULIANGYE"，英文字母达到 9 个。我们把大家熟悉的大品牌都翻译成拼音式的商标，看看是什么感觉。比如香飘飘"XIANGPIAO-PIAO"、联想"LIANXIANG"、贵人鸟"GUIRENNIAO"、创维"CHUANG-WEI"等，我们都能看懂是什么意思，但是，到了国际市场上，我估计十个人中有九个不知道它是什么。

综合目前的国际形势，以及中文拼音的通用性，我建议企业暂时不使用拼音版本的英文商标。

（二）名称寓意着消费者想得到的最佳效果

好的商标一定有一个好的名称，而且这个名称一定是消费者喜欢的名称，消费者喜欢的名字，都是好名字。

误区一，使用简写字母词义不明。当我们做一个品牌的时候，不能用自己喜欢的方式来描述自己的品牌。我们有很多的企业，喜欢将自己公司名字的各个字的拼音的第一个字母简写以后变成自己的商标。举例，我们氢氧机工厂的名字叫"长沙卡特尔环保科技有限公司"，那英文名就变成"KTE"（卡特尔）或者"KTEQYJ"（卡特尔氢氧机），试问，假如用这样的英文名字，消费者知道它是什么意思吗？如果消费者没有办法看懂，我们就需要花费大量的人力财力物力去解释，去宣传。另外，请注意，我们不是"IBM"，也不是"UPS"，我们的名称一定要使消费者一看就能看懂看明白的名称，这样的名称才是好名称。

误区二，词不达意。我们在给品牌命名的时候，有许多的表达方式，比如说"好"的单词，可以翻译成"good""well""fine""ok""okay""all right""love""like"，但是，还有一些词，实际上也可以理解为好，比如"开心""美丽""幸福"。在这么多的词中间，选一个能表达自己的意思的词很重要。举例，我们想用英文来表达"好人"，一般用"good person"，假如写成"love person"，那就不一样了。

误区三，词用错环境。不同的词，有不同的应用场景。就比如病人从医院康复出院了，假如我们的医生说，"欢迎你下次光临"，你是不是特别生气？但是，当我们在餐厅的时候，同样的"欢迎你下次光临"，听起来就舒服多了。

好名称就是一个好名字，好名字就会受到消费者的青睐，这就是吸引力法则，消费者看着名字就会想到这个产品是什么效果，她是否喜欢，进而确定她是否要购买。

（三）英文越短越好，名字能代表品类

根据人的记忆规律，一个单词越短，越容易被消费者记住，单词越长，越难记住。同时，有意义、有意思的单词，也更容易被消费者记住。

在商标的传播过程中，一个短的单词也更容易被传播。就如我们传话游戏一样，单词越短，或者说，传的话越少，到最后一个人传错的概率就越小。相反，如果单词太长，传到几个人以后，就完全变了。举例，一个商标是"CA"，一个是"CARA"，我们试试，传几个人以后，哪个商标被准确记住的概率更大。作为企业，我们还需要思考成本，假如我们是一家全球连锁集团，一个短的商标，所有的印刷、宣传成本也都会低一些，比如门店招牌、纸张等。

商标没有最好之说，只要合适就行，商标能代表这个品类是最理想的。这些商标一般都会在特定的行业里面引起消费者的某种情感共鸣，它有可能是一个故事，也有可能是一种文化，也有可能是一种象征。

二、设计品牌名称的两大方法

（一）头脑风暴

随着大家对知识产权的重视，注册的商标越来越多，中国也成为年度全球注册商标最多的国家。同时，因为注册的人太多了，被注册的商标也是数不胜数，我们想注册一个合适的商标更难了。在这样的环境下，头脑风暴法特别适合我们去思考一个新品牌名。

头脑风暴，这个大家都知道的方法，就是让大家畅所欲言，例如，用我们公司制定的头脑风暴法则：三胡法则，即"胡思乱想""胡说八道""胡作非为"。在头脑风暴的过程中，一定要鼓励大家脑洞大开，将思维、格局打开，就是要胡思乱想、胡说八道，才能想到特别独特的名字。同时，在头脑风暴的过程中，一定要做到不打断、不反驳、不评价、不议论的原则。下面，介绍头脑风暴取名的详细步骤。

首先，我们需要准备一间会议室，将所有的同事或者亲朋好友聚在一起。我们可以选定一个有经验的主持人，准备一张 A1 的白纸和黑、红大头笔各一支。主持人讲清楚我们想要表达的产品寓意以后，采取"三加三减"的方式讨论："一加"，让到场的每一个人轮流讲一个不重复的名字，主持人立即记录在白板纸上；"二加"，全场的人随意补充新的名字；"三加"，主持人点名现场的人补充名字。这个时候，白板纸上已经写了许多我们想要的名字，我们就可以开始"三减"了。"一减"大家认为严重不适合的，或者根本表达不了大家想表达的寓意的词；"二减"合并寓意相近的词；"三减"将名字减少到十个，然后再五个，然后再三个，最后将三个名字按先后顺序排名。

（二）鱼骨图

鱼骨图，又名因果图，顾名思义，是用来发现问题的根本原因的分析方法，同时，它也是一种提出解决方案的工具。我们在利用鱼骨图为我们设计商标的时候，建议如下：

先画鱼头：行业产品名称，比如"鱼钩""纸尿裤""钢笔"等。

再画鱼骨：产品的不同用途。一个产品通常都有多个用途，比如，纸尿裤以人群分类，可以分为婴儿纸尿裤、成人纸尿裤，婴儿纸尿裤又可以再分为3个月、1岁、2岁使用的等，成人纸尿裤又可以分为中年、老年的等，老人纸尿裤，又可以分为女士和男士的；以应用场景分类，可以分为家庭用纸尿裤、医院用纸尿裤等。

最后画鱼身：用途想达到什么效果。比如，婴儿纸尿裤想达到的效果是吸水性强、柔软、透气、不红屁股等；成人纸尿裤想达到的效果是吸水性强、防侧漏、舒适等。当我们想到了这些理想的效果以后，接着就是找一个或者多个词来代表这个"效果"了，这些代言效果的词，就可以变成我们想要的品牌名称了。

第二节　图形设计的理念

一、让小学生都能认识并牢记的图形

（一）简单有寓意

2016 年 7 月 19 日，我老家的姨妈带着孩子来长沙游玩。其间，我就开车带他们去了长沙动物园游玩，路上的时候，我一边开车，一边介绍长沙的高楼大厦。当我路过"旺旺医院"的时候，姨妈突然说："阿华，这个我知道，旺旺。"我姨妈没有读过书，她一个字都不认识。我就很好奇地问她："你怎么知道是'旺旺'呢?"姨妈告诉我说，她虽然不认识字，但是，她认识屋顶那个标志。

还有我读幼儿园的儿子，他认识的字极少。奇怪的是，当我们出去游玩的时候，我们问他汽车的品牌，他能清晰地告诉我们，哪个汽车是大众，哪个汽车是路虎，哪个汽车是奔驰，等等。我们问他他怎么知道的呢。他说，他是看车子屁股后面的标志来识别汽车的。

设计一个有寓意、有吸引力的图形，对于不识字的人来说，显得非常重要。我们的商标，受语言环境的制约，尽管使用了英文，也不能保证所有的人都看得懂。但是，商标里面的图形却是全球通用，每一个人一看就能明白的。

商标设计，不但要简单，而且还要有寓意。比如中国银行的图形是以中国古钱与"中"字为基本形状，古钱图形是圆形与方孔的设计，中间方孔，上下加垂直线，成为"中"字形状。古钱形状代表银行，"中"字代表中国，寓意天圆地方，经济为本，颇具中国风格。

（二）头像卡通画

最简单、最便于传播、最有效的图形，就是商标创始人的头像卡通画。

2018 年 4 月 20 日，我去参观同学张小云的企业，陕西味司农食品管理运营有限公司。作为陕西宝鸡标志性农业龙头企业，"味司农"立足"百病对症能食疗，膳食调养可强身"的理念，科学化、精细化管理，成为陕西臊子面领域的领导企业，同时，作为无人自助面吧，"味司农"通过物联网，将自己打造成了国际化高端餐饮连锁品牌。张小云告诉我说，"味司农"之所以受到大家的喜欢，一方面是它的品质和口感，另一方面是"味司农"的标志有特色。她说，"味司农"的标志就是她哥哥张小斌的头像，董事长把自己的头像设计成企业 LOGO，是本着"用良心做面，用品德做人"的初衷，以创始人的形象来担保产品的品质，没想到受到了消费者的喜欢，得到了大家的一致好评。

我们大家都熟知的"海尔兄弟"，是一个典型的以卡通人物作为商标的案例。但是，商标设计中的人物图形，我们注意千万不要使用未授权的别人的头像。每个人的头像都有肖像权，每个人的肖像权都受到国家法律的保护。2011年 10 月 16 日，我们在广交会参展期间，一位美国客户来到了我们的摊位，他对我们的产品仔细打量，然后拿起来一款 502 胶水，怒气冲冲地对我们说，我们犯法了，我们使用了他老婆的头像，产品里面的图像就是他老婆的真实图像。他拿出手机，翻出他老婆的照片，确实是一个人。我们告诉客户，这个是国外客户的贴牌产品，我们也不知情，经过耐心解释，反复承诺以后，客户才没有追究我们的责任，从此以后，我们对于贴牌客户的图片更加慎重了。

另外，我们在将人物头像作为商标图形使用的过程中，一定要将人物头像卡通化。同时，因为是全球商标，我们建议不要用真实的人物照片头像，防止不同国家的消费者爱好不同。

二、让男女老少都能接受的图形

（一）没有年龄歧视

商标图形不要带有年龄歧视。比如说，我们的产品是卖给儿童的玩具，有些企业会把图形设计成孩子们特别喜欢，但是，可能是大人非常讨厌的形象。那么这个时候，我们的图形设计就是失败的。因为，儿童的玩具，很大一部分都是大人给孩子们挑选的，而不是孩子们指定的。当然，我们也不能使用大人特别喜欢孩子特别讨厌的图形，因为孩子们都会长大，他们小时候不喜欢的东西长大以后估计也不会买。

另外，我们的图形也不要有歧视老年人的图形，比如佝偻、驼背的身躯等形象。每一个消费者都希望看到有爱、有欢乐的图片。

（二）没有性别歧视

2011 年 4 月 25 日，我跟团出访了沙特阿拉伯的吉达，在飞机落地以后，我们的导游千叮万嘱，他说，大家千万不要乱拍照，尤其不要对女性拍照，万一触犯了他们的禁忌，有可能会被鞭刑，严重的话会被杀头。整个行程下来，我们整个团都不敢拍照，更不敢对着女士拍照。2012 年 4 月，我再一次来到了吉达，我独自打车去了吉达当地最大的商场，路上司机告诉我们，在吉达女性是不能开车的。另外，在吉达的女性出门都必须用围巾围住头脸，只露出眼睛。我到达了商场以后，发现商场的服务员大部分是男士。

事实证明，每个国家的男女地位还是有区别的，全球实现男女平等需要一个过程，目前依然有很多的地方男女地位相差悬殊。所以，我们在设计图形的时候，一定不要有歧视男性或者女性的形象出现。

三、无信仰、种族等冲突的图形

（一）无信仰冲突

世界大同，但是，信仰却不同。我们设计图形的时候，特别要注意宗教信仰的禁忌，千万不要去触碰、挑战任何宗教的信仰。

（二）世界各国的图形禁忌

我们很多企业都喜欢用动植物的图片或者卡通来表示产品的商标，这是非常好的方式，但是，我们要注意各国的图形禁忌。

另外，假如我们的图形是彩色的，里面放的人物是不同肤色的，我们也不要有肤色歧视。比如，同样的一个图形里面，相同年龄的一个黄种人1.8米，黑种人1.2米，这是不能接受的。

最后特别提醒一下，我们不要使用任何带有国家标志的图形，包括国旗、国徽、国歌等，哪怕是近似或者相似，也建议不要用。

第三节　网络域名与品牌的一致性

一、品牌的英文字母即网络域名的名称

（一）名称一致更容易传播

在外贸品牌推广的过程中，网站的域名跟商标一样至关重要，都是独一无二、不可再生的资源。尤其是中小微企业，资源有限，必须高度重视网站的域名，因为网站域名就相当于互联网的品牌，我们只有充分利用好互联网的优势，才能以小搏大，以弱胜强。

在建立网络域名的时候，我们应该首先考虑品类，然后再考虑品牌。很多品牌起步的时候，都会选择用品牌的字母作为网络的域名。淘宝的域名是Taobao. com，每当我们想购物的时候，第一时间会想到淘宝。同样，最近在媒体上投放了大量广告的瓜子二手车，他们的域名是 Guazi. com，连可口可乐这样世界大品牌也采用了他们的品牌字母作为域名，即 coca – cola. com。采用品牌字母作为网络域名本身就是一个无形资产，因为域名与品牌字母一致，更容易传播，更有利于推广。

新品牌是依靠广告砸出来的，客户的口碑更是慢慢积累起来的。如果我们不能让客户记住我们的企业，记住我们的品牌，那么，这样的品牌肯

定是没有竞争力的，消费者也不会选择我们。所以，在新产品、新品牌的打造中，如何将我们的品牌深深地装进消费者的脑海里，是一件至关重要的事情。谎言说一千遍都能成为真理，更何况我们货真价实的产品，所以，我们需要在客户、消费者面前不断出现，让客户记住我们。

（二）品牌独特域名变成行业通用域名

一个企业的品牌，如同我们的身份证号码，在一个类目里面，都是独一无二的。我们的网络域名，同样也是一个唯一性、排他性的存在。它可以包含人、地点或者事物的名称。

品牌独特的网络域名可以是一个特定的人、地点或者事物的名称。独特的名称在互联网伊始就已经证明了比通用的名称有效。中国的互联网大赢家用的都是独特的名称而不是通用的名称。如：搜索，在中国不是"sousuo. com"，而是"baidu. com"，在全球是"google"；购物，在中国不是"gouwu. com"，而是"taobao. com""jd. com"，在全球是"amazon. com；图书，不是"tushu. com"而是"dangdang. com"。同样，这一原则也适用于现实世界打造品牌，独特的名称比普通或通用的名称好。

一个通用的网络域名，随着时间的推移，会变成整个行业的关键词，这个时候，假如我们使用了这个关键词，消费者是无法辨别品牌的。举例，如果我们的硅酮密封胶品牌为"硅酮胶 silicone"，我们的网络域名为"www. silicone. com"。当你打电话向国外客户推销的时候，就会出现这种情况："你好，我是硅酮胶 silicone。""我知道，但是你们产品叫什么名字呢？""产品叫硅酮胶 silicone！"对方还是会继续问："我想了解硅酮胶，可你的产品到底叫什么名字？"一个行业通用的名称将会使我们陷入困境，没有办法向客户解释清楚我们的产品到底是什么，它有什么特色。

当我们将品牌名变成了网络域名以后，我们就要想方设法将这个域名打造成行业的通用域名。

二、网络域名与主打关键词一致

（一）网络搜索排名会靠前

根据互联网的潜规则，P4P点击付费一样的情况下，网站的域名与关键词一致，会优先排序。网站的通用名称就是一个大词，大词自然优先排序，这可以为企业节省推广费用。

通用名称是我们优化的重点方向，因为它关系到我们的产品关键词排名，但是，它并不适合长期的搜索引擎优化（Search Engine Optimization，SEO），因为它不具备唯一性。我所说的通用名称，也包括产品的行业关键词和产品关键词。举例，我们销售的是氢氧除碳机，那么我们的行业关键词是机械或者汽车配件及保养，我们的产品关键词是氢氧机、氢氧除碳机、汽车氢氧除碳机等。这些通用词，大家都可以用，都可以同时优化，以争取更好的搜索引擎排名。

一个好的网站，除了系统的网站建设之外，产品关键词的排名也非常重要。不管一个网站建设得有多么漂亮，如果产品关键词的排名不理想，那就不能称之为好网站。所以，产品关键词，尤其是主打产品关键词，通常是我们首选的域名。

互联网搜索引擎的关键词排名，不一定会决定网站询盘的数量，但是，按照互联网的正常逻辑，99%的平台都是排名越靠前，得到客户咨询的数量就越多。网络平台也如现实生活一样是"弱肉强食"，排名靠前，意味着出钱多、实力强，流量自然高，网络展示的机会也多，展示机会多，被客户看到的可能性就大，咨询的比例也就高了。

互联网搜索引擎的潜规则决定了谁拥有"行业关键词"或者"产品关键词"的域名，其权重就会自动加分，也就是说，如果我们是做相同产品，哪怕网站一模一样，这个以关键词命名的网站排名也会在以非关键词命名的网站前面。

（二）节省推广费用

不管是国内的网络营销还是国际的网络营销，做到一定的程度，都会走上

"站群"模式。站群,就是"占住"或者说"霸占"一个"群",这个群有可能是一个行业,有可能是一些关键词,也有可能就是整个搜索引擎的排名。在站群的过程中,通常是一个团队操作多个网站,或者多个链接指向同一个网站,以提高关键词的排名,提高网站的流量。站群也意味着我们必须组织多个关键词,而且让这些关键词在搜索引擎的排名中靠前。

根据阿里巴巴的平台规则,一个主打产品关键词固定排名第一的报价是人民币 96 000 元/年,而且没有任何的折扣;固定排名第二名的报价是人民币 43 200 元/年。根据 2019 年中国制造网的规则,一个主打产品关键词固定排名第一的报价是人民币 32 000 元/年,固定排名前十是 16 000 元/年。这就是说,假如我们能注册一个"主打产品关键词",并且用这个关键词来作为我们站群的域名,那么这个域名的价值每年可以为我们节省几万元推广费。

关键词越多,推广费用就越高。同时,关键词的推广费用,与关键词的热度以及竞品的出价高低有关,但是,按照互联网的潜规则,它跟域名的关键词也有重大关联。我们在推广的过程中,必须想尽一切办法降低成本,同时,又提升关键词的排名。这看起来有点像"又要马儿好,又要马儿不吃草",可是,这就是网络平台操作的秘密武器。在这个过程中,假如我们有一个以产品关键词命名的域名,那将事半功倍。比如,我们公司注册的:www. carbon-cleaningmachine. com,是以主打产品关键词命名的域名,当客户搜索"carbon clean machine"或者"carbon cleaning machine"的时候,搜索引擎会自动优先抓取我们的网站。这样,我们就可以花小钱办大事。关键是,我们注册产品关键词域名以后,只要正常续费,这个域名就永久性地属于我们。

(三)顾客印象深刻

在外贸客户的采购中,尤其是大宗的 B2B 采购,在采购之前,客户都会做认真细致的供应商调查。就如我们对外采购一个大件物品一样,我们一定会了解供应商的详细资料,包括公司名称、规模等。在采购方寻找供应商的信息资料的时候,网站是一个门户,通过网站采购方可以对供应商形成第一印象。通常,我们的采购方通过搜索引擎利用产品关键词找到我们,然后会浏览我们的网站，如果我们的网站打开以后，客户发现网站域名刚好是自己搜索的关键词，这无形中会给采购方更多信心，他会认为，打开的这个网站中肯定有自己想要的产品，因为关键词完全吻合。

一个良好的开端是成交的一半，一个与采购方心理预期相呼应的域名是客户发送咨询信息的开端。当客户打开我们的网站，发现网站确实精美，内容描述到位，客户肯定会发送产品咨询信息给我们。

每一个大品牌都是从小品牌开始做起的，每一个"品牌"都不是通用名称，我们要努力的是，将自己的"品牌"做成"通用名称"，让消费者主动用品牌名称来搜索我们的产品，这才是长久之计。

三、社交媒体等自主注册域名与品牌一致

（一）社交媒体、自媒体流量越来越大

2004 年成立的 Facebook 将我们从谷歌为代表的"搜索时代"带入了"社交时代"。2004 年以前，都是搜索引擎的天下，比如中国的百度，现在则是社交软件的天下，比如微信，在中国只要有手机就有微信的存在，学校的孩子都以微信交流作业等。

为什么我们要注重社交媒体？因为有流量。互联网的根源就是流量、流量、流量。谁拥有了流量，谁就拥有了至高无上的法宝，就拥有了整个互联网世界。根据 2019 年 3 月 9 日"全球网站 Alexa 排名"的排名，世界排名前三的网站是 Google.com、YouTube.com、Facebook.com。通过世界排名，我们就能清晰地知道，YouTube 和 Facebook 在全球搜索引擎中的地位。2019 年 3 月 9 日，我们通过 YouTube 官网 Youtube.com 得知，他们的用户数量超过 10 亿人，也就是说，YouTube 用户人数占互联网用户总人数的三分之一左右。人们每天在这里观看的视频时长超过 10 亿小时，每天的观看次数高达数 10 亿次。You-Tube 总共有 80 种语言版本，并且已在超过 91 个国家、地区推出了当地版本。另外，请注意，YouTube 平台也是属于谷歌公司的，也就是说，世界排名第一、第二的域名，都是谷歌公司的。

我们通过 Facebook. com 的官网公开数据得知，其用户数量众多，是最受欢迎的社交媒体软件。还有一个外贸工作中最重要的沟通工具：WhatsApp 软件，这个也是属于 Facebook 公司的。WhatsApp 目前是世界上排名第一的社交聊天软件，用户数量超过我们平时用的微信。另外还有 LinkedIn、Twitter、Instagram 等社交媒体，根据领英官网 Linkedin. com 的报道，领英是全球领先的职场社交平台，用户数已超过 5. 46 亿，覆盖全球 200 多个国家和地区。目前在中国非常流行的"抖音"，也已经有了国际版本 Tik Tok。

将我们的品牌注册成社交网站的二级域名，相当于是站群，是自然广告，随着我们日积月累地推广，品牌就会成为这个二级域名行业的代言词。

（二）新品牌需要一致性的广告推广

强大的品牌都是依靠广告来支撑的，不管是大品牌，还是小品牌，哪怕是可口可乐这样的百年老品牌、大品牌，依然需要大量的广告宣传推广。

我们的品牌，尤其是新品牌在推广中要更加注重品牌推广的一致性，即品牌中文名、品牌英文名、品牌顶级域名、品牌二级域名、品牌社交网站等，全部注册成以"品牌"命名的名称，保证我们品牌的唯一性。

品牌不是用钱烧就能成功的，但是，离开了钱是万万不能的。要想让我们的新品牌尽快推向市场，打造良好的客户口碑，广告中就必须不断地重复"品牌"名称，在任何时间，任何地点，有任何机会都不要忘记将我们的品牌呈现给客户。

另外，新品牌的广告一致性，有利于我们统一品牌的形象，打造一个更加完美的客户体验。每一个社交媒体都是独立、唯一的，不同的社交媒体，意味着不同的客户群体，也意味着不同客户的不同身份。使用 Facebook 的人，主要注重个人新闻展示；使用 YouTube 的人，则以视频展示为主；使用 LinkedIn 的人，则以寻找工作为主等。

现在，全球的社交都是以碎片化的商业模式存在着，人们不但会上 Facebook，也会上 YouTube，还会用 LinkedIn、Instagram 等，所以，我们更要保持品牌的一致性，让品牌在任何平台、任何情况下都能保持一致，给我们的客户一个深刻的印象。

（三）一致性域名排名靠前

网络域名作为一样稀缺产品，注册一个就少一个。网络域名按照不同的级别，包括顶级域名、二级域名等。顶级域名的关键词会在顶级域名的排名中优先，二级域名的关键词会在二级域名的平台中排名优先，举例：www. face-book. com 是一个顶级域名，但是，www. facebook. com/hhocarboncleaner 就是一个二级域名。这个"www. facebook. com/hhocarboncleaner"的域名里面的关键词"hho carbon cleaner"就会在 www. facebook 的平台里面排名靠前。而且，这个域名在 Facebook 平台里面，也是独一无二的。注册一个以主打关键词命名的二级域名，非常重要，尤其是在社交媒体注册一个包含关键词的二级域名，在当下，显得尤为重要。

当我们登录了 Facebook 的网站页面以后，我们可以编辑我们的个人信息。在个人信息这里，有一个"其他名字"，里面有名字类型可以供选择——"昵称、婚前名、其他写法、婚后名、父亲的名字、出生名、曾用名、姓名加称呼、其他"，我们可以任意选一个自己的产品关键词填进去，你会发现，当你再次在 Facebook 首页搜索你的产品关键词的时候，Facebook 会自动跳出你的页面，且位置比较靠前供你选择。请注意，在"名字类型"这个栏目，我们可以设置两个不同的名字，也就是说，我们可以设置两个以上的关键词，这些关键词都会在 Facebook 首页自动优先排名。

所以，综合现在的平台趋势，我建议：公司的名称、产品的名称、域名的名称、微信的名称、博客的名称、Facebook 的名称、LinkedIn 的名称、You-Tube 的名称等都为一个名称，都用同样的英文字母来表达。

第六章

外贸品牌的
知识产权布局

第一节　专利布局

一、如何"设计"发明专利

（一）先研究才能有发明

我们在申请发明专利之前，可以通过国家知识产权局的官网 www.cnipa.gov.cn 来检索及分析已有专利的情况。发明专利是对自己的一种保护，也是对竞争对手的一种压制。谁能在最短的时间做出最新的产品，并且申请发明专利，谁就拥有行业的尚方宝剑。

专利申请的原则是想到就申请，不要等到做出来。发明专利一般都是由两种人创造的：一种是行业专家，他们专注于这个领域，不断创新；还有一种人，是跨行、跨领域的专家。行业专家，也可以理解为我们的研发团队，包括工程师、设计师等，这些人会针对原有产品进行革命性的创新、颠覆性的升级，以保持产品的持续性优势，这些人的创新都叫技术型创新。当我们一个又一个的试验成功以后，我们就可以将自己的试验变成发明专利。在我们公司取得的发明专利中，其中有 3 个发明专利是由我们的工程师团队完成的。

另一种跨行、跨领域的专家，是那些外行打死内行的发明专家。这种人的思维不是专注在技术上，而是在产品的创新使用上，这些人属于模式创新者。应用上的创新，会倒逼技术创新，因为很多时候，要实现新的功能、新的用途，都需要改变原来的产品，甚至是颠覆原来的技术。

在中小微企业新品牌的研究中，要想创造发明专利，不管一把手之前是技术还是销售出身，都需要亲自参与研发，亲自带领团队创新，方能取得发明专利。

（二）机构设计

专业的人做专业的事情，所以，在申请专利时，我们需要找第三方的机构，专门负责帮企业撰写发明专利。类似这样的机构，在全国各地都非常多，我们也会经常收到他们的咨询电话。

为了少走弯路，我建议想找代理机构写专利的企业注意：

（1）一定要找有资质的代理机构。请注意，市场上有许多的知识产权代理机构，但是，有一部分公司是没有资质帮我们申请发明专利的，因为他们没有"发明专利代理资格证"，没有向国家知识产权局备案的资格。

（2）寻找之前有成功申请过行业发明专利的机构。有成功申请过发明专利，特别是本行业内的发明专利的机构，是我们重点的合作对象，因为他们有成功经验，知道怎么样去做检索和分析，懂得如何差异化地撰写专利申请，以便争取更高的发明专利通过率。

（3）撰写专利专员要认真负责，仔细检索和分析。找一个可靠的代理机构以后，还要有一个可靠的专利专员对接。我们前期一定要认真做好专利的检索和分析，通过细致的分析，有针对性地完善我们的发明专利申请。

要想取得更多的发明专利，一把手一定要重视，完善研发机制，落实企业的奖罚机制，并将发明专利应用到企业中，这样才能持续地创造发明。

二、实用新型专利的注册方式

（一）两手抓：发明专利和实用新型专利

2019 年 3 月 15 日，国家知识产权局的数据显示，从 1985 年 9 月 10 日至 2019 年 3 月 8 日，中国共收录专利 51 638 226 件。在这个信息中，我们没有办法分辨到底有多少是发明专利，多少是实用新型专利，但是，我们可以确定的是，作为企业而言，不管是否能够申请到发明专利，我们必须申请实用新型专利。

根据我们 2015 年—2018 年申请专利的经验，我建议所有的企业，在第一次提交发明专利申请的时候，同步提交实用新型专利。以我们申请的"一种新型的汽车发动机氢氧除碳机控制系统及控制方法"为例，我们在 2016 年 6 月 30 日同时申请了发明专利和实用新型专利，在 2016 年 12 月 7 日，实用新型专利实质审查生效，2019 年 2 月 13 日，发明专利才生效。

（二）保证实用新型专利，力争发明专利

中国的实用新型专利，在前几年相对比较容易申请，只要我们用心去检索和分析，通过率也比较高，但是，随着大家对知识产权的重视，以及出现越来越多的知识产权纠纷，国家对于专利的审核也越来越严格，通过率在逐年下降。

根据《中华人民共和国专利法（2008 年修正）》第二十九条规定："申请人自发明或者实用新型在外国第一次提出专利申请之日起十二个月内，或者自外观设计在外国第一次提出专利申请之日起六个月内，又在中国就相同主题提出专利申请的，依照该外国同中国签订的协议或者共同参加的国际条约，或者依照相互承认优先权的原则，可以享有优先权。"所以，针对国际性的发明专利申请，我们可以在提交中国发明专利申请的时候，同时向不同的国家申请。请注意，我们申请国际发明专利的时候，不需要提交中国的发明专利证书。也就是说，如果我们想开发美国市场，那么我们可以不用申请中国的发明专利，而直接申请美国的发明专利。当然，考虑到本土文化、法律等差异，我建议同时申请中国和国际的发明专利。

在不同的国家，对于发明专利和实用新型专利的认知是不同的，比如在中国，发明专利是非常难以申请通过的，发明专利的含金量也非常高。但是在韩国，实用新型专利的含金量非常高，他们认为实用新型专利高于发明专利。

不管是在中国，还是国外，我们一定要两手抓，两手都要硬，如果实在是

有风险，我们也要保证实用新型专利通过，力争拿到发明专利。

三、外观设计专利的申请方式

（一）产业链的完善，想到能做到

中国产业链的发展与完善，让我们的包装越来越多样化，也让我们的产品外观设计发生了巨大的改变。可以这么说，在中国的产品外观设计中，只有我们想不到的，没有我们做不到的。

外观设计，是消费者接触产品后首先关注的地方，会让消费者对产品形成初步的认知，因此，外观设计对于品牌的宣传和推广有着举足轻重的地位。同样，保护外观设计，对于我们来说，一样有着重大的意义。另外，在发明、实用新型、外观设计三个专利中，最容易辨别的也是外观设计专利。

请注意，根据《中华人民共和国专利法（2008 年修正)》的规定，外观设计专利的保护期限是申请日后的十年。

（二）外观设计专利的申请资料

根据《中华人民共和国专利法（2008 年修正)》的规定，外观设计，是指对产品的形状、图案或者其结合以及色彩与形状、图案的结合所做出的富有美感并适于工业应用的新设计。外观设计专利权被授予后，任何单位或者个人未经专利权人许可，都不得实施其专利，即不得为生产经营目的制造、许诺销售、销售、进口其外观设计专利产品。

申请外观设计专利需要提交以下资料：

（1）申请公司的营业执照正本或者副本的复印件，加盖公章；

（2）外观设计专利请求书；

（3）外观设计产品的六面视图：前视图、后视图、俯视图、仰视图、左视图、右视图。如果我们需要保护色彩的，需要提交彩色照片。

以上外观设计专利的申请资料，同样适用于国外国家外观设计专利的申请，专利的申请原则是谁注册，谁受益。

第二节　商标的类目选择

一、产品品类内必须注册的行业类目

（一）注册品类的重点注意事项

我们在注册产品品类的时候，通常都是全品类注册，这是万无一失的方法。但是，考虑到费用等因素，我们只能选择自己从事的行业，或者是自己未来计划从事的行业。在这个过程中，我们务必注意几个事项一定要注册。首先是一个产品拥有多个类目，尤其它们属于近似行业的，要全部注册，防止以后品牌被误导。其次是中国和外国最新公布的类目，因为有些类目在原来的体系里面并没有，或者并不完善，后来进行了修正和补充。最后一个是中国有的，国外没有的类目和国外有的，中国没有的类目。

2014 年 10 月 13 日，我们通过代理机构向商标局申请了"HHO"的品牌，申请了第七类的商标：0746 气体分离设备；0746 气体液化设备；0749 气动传送装置；0751 气动焊接设备；0747 喷气机；0750 机器联动装置；0750 自动加油轴承。我们于 2016 年 2 月 14 日顺利拿到商标证书。按照氢氧机的原理，我们申请了"0746 气体分离设备"。随着产品的推广，"HHO"成为互联网的畅销品牌，在全球的氢氧机行业中，无人不知无人不晓。但是，2016 年 7 月 22 日，我们的竞争对手也注册了"HHO"的第七类商标，其中包括"0729 电解水制氢氧设备"这个类目，2017 年 8 月 20 日，为竞争对手的"HHO"的初审公告日期，2017 年 11 月 21 日，为其注册公告日期。

2017 年 12 月 29 日，我们向国家知识产权局商标局提出请求，请求商标局将竞争对手的"HHO 及图"无效宣告。同时，我们第一时间再次向商标局申请"0729 电解水制氢氧设备"这个类目。但是，中国商标网显示"申请被驳回、不予受理等，该商标已失效"。2018 年 12 月 28 日，历经一年时间，我们终于收到了国家市场监督管理总局商标评审委员会的裁定书，裁定竞争对手的"HHO 及图"商标在"0729 电解水制氢氧设备"这个类目无效。2018 年 12 月 20 日，我们在收到裁定书的影印件以后，第一时间向商标局再次申请了"HHO"的"0729 电解水制氢氧设备"这个类目。

"HHO"一个小小的商标，因为第三方代理机构的漏报、公司的大意，给公司造成了巨大的损失。吃一堑，长一智，为了让竞争对手这个商标无效，我们花费了大量的人力、财力、物力，最终取得了胜利。但是，这也告诫我们在商标这件事情上必须严谨、认真，用精益求精的态度对待商标注册。

（二）列举必须注册类目

在商标的注册中，有些类目是必须注册的。

首先是自己主打行业的大小品类，我们公司在操作的过程中，就是因为操作失误，只注册了大行业，没有注册自己的小行业，以致付出了巨大的代价。

其次是第三十五类：广告、商业经营、商业管理、办公事务。根据国家市场监督管理总局商标局编著的《类似商品和服务区分表：基于尼斯分类第十一版（2017 文本）》注释，第三十五类主要包括由个人或组织提供的服务，其主要目的在于：（1）对商业企业的经营或管理进行帮助；（2）对工商企业的业务活动或者商业职能的管理进行帮助；以及由广告部门为各种商品或服务提供的服务，旨在通过各种传播方式向公众进行广告宣传。通过商标局的注释，我们可以知道第三十五类的重要性，确切地说，假如你没有注册这个类目，你在中国将寸步难行。第三十五类商标，也被行业内人士称为"万能商标"。3501 广告显示了广告宣传的重要，也就是说，假如你没有在这个类目注册，而别人在这个类目注册了相同的商标，哪怕你是注册了商品商标后，将商标使用在产品上，然后利用广告来宣传自己的商标，你也会构成侵权。3503 替他人推销里面有一个我们外贸最核心的：进出口代理。假如这个类目没有注册，一样会给外贸之路埋下一颗炸弹。

二、非主打行业的防御性类目

（一）基于企业未来的发展

企业的发展，就如同婴儿一样，最初，我们需要父母的照顾，出钱出力；当我们慢慢长大，我们会读书，会适当地做家务；当我们长大成人，独立生活、独立工作以后，我们就会给爸爸妈妈寄钱了；当我们小有成就以后，我们会买房买车，又会有自己的家庭，自己也成为孩子的父母，开始下一个轮回的角色。一个企业，一个品牌的发展，就跟婴儿成长一样，最初的时候，我们需要不断地投入资金和资源，让品牌生存下去；当品牌有一定的赢利能力以后，我们会夯实品牌；当品牌小有成就以后，我们就会思考向外拓展，寻求新的行业、新的品类。在这个发展的过程中，企业、品牌一定会遇到瓶颈，我们必须提前做好自己的战略，尤其是注册好未来商标。

我们要打好"防御战"的第一战，必须注册不同类的行业类目，尤其是一些容易给消费者造成误解的相关行业。比如"美的"，我们不但要注册美的空调，还要注册美的冰箱、美的洗衣机等。在中国，有一个以做火锅为主的四川海底捞餐饮股份有限公司，也就是大家熟知的"海底捞"火锅店，它以服务为特色，加上优质的产品品质，受到了大家的一致好评。1995 年 7 月 17 日，四川海底捞餐饮股份有限公司，申请了"海底捞"商标的第 42 类餐馆、临时餐室、自助餐馆、快餐馆。根据 2013 年 8 月 7 日的网易新闻，海底捞火锅状告 4 家公司盗用其名牌，并在郑州中院开庭审理此案。案件显示，多家公司使用了"海底捞"调味品，也就是"海底捞"底料，调味品在商标里面属于第30 类，这些公司确实拥有国家商标局颁发的"海底捞"商标注册证。"海底捞"火锅 42 类，"海底捞"调味品 30 类，两个品类一个品牌，给消费者造成了巨大的误解。

基于企业未来的发展，我们要时刻关注同行的动态，也要关注与我们的品牌相关的行业动态，同时，因为商标的审核需要一段时间，我们最好是提前注册。

（二）基于矛盾的防范

当一个商标与我们的品牌一样，但是，行业完全不同的时候，我们一定要谨慎。比如我们常喝的某些品牌的饮料，要是我们把这个同样的商标，注册成"农药"，消费者会怎么想呢？如果我们从事的是食品饮料行业，我们需要注意与自己有关的同等相似的对立行业，比如啤酒与农药，大米与化工原料，食物油与机油，人类吃的面包与狗粮。

在电视剧《大染坊》中，有段故事是这样的：主人公"陈六子"陈寿亭为了打击上海的林祥荣，化装为要饭的，然后在林祥荣的六合染厂批发部以"一块一件"买走花布八千件。后来，陈寿亭以低价抛售拥有的六合染厂的"虞美人"花布，并声称此布质量低劣，不能做衣服穿，只适合当尿布。同时免费向乞丐赠送花布，一时间，"虞美人"花布变成了乞丐布。从此以后，消费者再也不买"虞美人"的花布了，因为大家都认为这个品牌的花布就是拿来做尿布的，或者是乞丐才穿的。

人生如戏，戏如人生。电视剧中如此，现实生活中也如此。我们不怕贼偷就怕贼惦记，面对越来越复杂的竞争环境，我们应该提早做好防范准备，否则自己辛辛苦苦建立的品牌，可能会遭到竞争对手打击而毁于一旦。

三、注册商标的国家、行业类目的选择

（一）先注册再成交法则

按照正常的国际惯例，先注册，再使用，这是万无一失的做法。在注册的时候，我们需要注意以下先后顺序。

首先，准备注册的商标，一定是在中国先注册，同时在自己需要的类目下面注册好，另外，在第三十五类注册。注册国际商标的时候，我们最好确保已拿到中国的商标注册证，这样的话，可以防止自己因为没有注册通过中国商标，而临时更换商标。当然，我们在实际的操作中，可以时刻关注"中国商标网"的最新信息，一旦商标进入了"初审公告日期"，没有异议以后，我们

就可以马上申请国际商标了，因为在"初审公告日期"之后，才有"注册公告日期"。到了注册公告日期，因为商标的费用缴纳、证书的制作、快递等因素，我们要想正式拿到商标注册证，还需要一段时间。在这个等待过程中，我们最好可以尽快提交国际商标的申请。

当我们拿到中国的商标注册证以后，我们可以选定自己的产品销售区域进行注册。如果企业有资本，可以一次性、全类别、全世界注册商标。但是，毕竟大部分公司，尤其是打造外贸新品牌的公司，资金实力都不够雄厚，所以，我们可以选择在自己接下来准备进入的国际市场注册商标。

我建议注册3个以上的国家，一是因为国际版的商标，时间更长，审核更严，还有就是因为国外的市场会变化，一旦我们选定的其中一个国际市场发生变化，可以立即开发另外一个市场。如果我们的政策制定合理，区域也选对了，我们可以迅速开发一个国家，然后，马上开发另外一个国家，而不需要等待商标注册。

（二）先成交再注册法则

先注册再成交是上上策；先成交再注册则是现实中大部分小微企业的实操过程。

我们的品牌在刚起步的时候，第一时间在中国注册了商标。我们公司只专注于国际市场，所以，当我们拿到了中国的商标注册证以后，马上投入了大量的网络广告，并组织了销售人员进行全球销售。那个时候，B2B的出口基本都是贴牌为主，小微企业极少有做自主品牌，能向大家学习、借鉴的地方非常少。我们利用网络平台在全球招商，首先打开了新加坡市场，其次打开了墨西哥、英国、印度等国家的市场，并在这些国家中销售了我们的第一台设备。

在注册商标的过程中，给大家介绍一个团购的优惠模式。许多协会都是非营利的社会组织机构，可以请协会组织大家开展团购，利用人多、价格低的方式，与第三方代理机构签订协会的代理价，这样一个国际商标比原来的市场优惠价可以便宜18%左右。比如，根据2016年3月11日长沙市跨境贸易协会提交的代理合同，英国一个商品一个品类的商标注册价格是含税人民币4 750

元，韩国商标的注册价格是人民币 6 650 元，墨西哥商标的注册价格是人民币 8 800 元，印度商标的注册价格是人民币 5 800 元，都比市场价低一些。

全球有 233 个国家和地区，如果按照一个品牌一个类目的注册方式，要想在全球注册，注册费会多得让小微企业承担不起。另外，加上新品牌需要大量的广告费用、人员开支等，所以，我们在国外打造品牌时，采用了先销售再注册的模式。通常情况下，如果我们在注册商标之前，认真做了市场分析，尤其是商标的类似性检索及区分，我们在中国能注册，在国外也可以注册。比如我们的商标"HHO"品牌，类似 3 个字母的品牌，在全球的商标中，也是属于非常难注册的，但是，目前为止，我们在欧盟、西班牙、美国、英国、韩国、澳大利亚、印度等国家，都顺利地拿到了商标注册证书。

先成交再注册，只适合新人新公司以及新品牌的全球推广，当然，这存在一定的风险与挑战，有可能一个国家注册不下来，有可能你的品牌推广开来以后，被别人注册了商标。在先成交再注册的过程中，我建议一旦我们跟国外的客户签订正式的合同并收款，我们就应该立即注册这个国家的商标。

（三）必须注册的国家：中国、马德里、美国

在国际商标注册中，我的建议是，先在中国取得商标注册证，然后，再去注册国际的商标。大家知道，随着中国经济的发展，国家越来越重视知识产权，对于商标的注册及使用也越来越规范，这促使更多的人、更多的企业注册更多的商标。受时间、竞争的限制，我们提交的商标被驳回的概率很高，降低被驳回概率的唯一方法就是在提交申请之前认真检索、比对。为了保证国际商标的有效性，防止国际商标通过而国内商标未通过的悲剧，我们尽可能地等拿到中国的商标注册证书以后，再申请国际商标。

当我们做好了第一步以后，应该马上申请注册"马德里"国际商标。《商标国际注册马德里协定》，签订于 1891 年，目前已有包括中国在内的超过 100 个成员，是用于规定、规范国际商标注册的国际条约。马德里商标国际注册，即根据《商标国际注册马德里协定》或《商标国际注册马德里协定有关议定书》的规定，在马德里联盟成员间所进行的商标注册，也就是说，如果我们

在马德里联盟里面注册了商标，在这个组织里面的所有成员和组织中都具有法律性，都受到这个组织的保护。

美国市场也是一个非常特殊的市场。我们必须优先注册。

四、注册国际商标的方式和渠道

（一）代理机构注册商标

2018 年以前，我国企业或个人只能通过代理机构向国家商标局申请商标注册，我们个人或者普通企业是不具备独立申报资格的。我国每个省市地区都有一大批商标注册的代理商。在知识产权代理组织中，又以商标和专利申请的代理机构最多，地区以北京的数量最多。

代理机构的组织或者个人，通常都非常熟悉中国商标注册规则，在商标注册之前，他们会提供一些专业性的注册指导，也会通过商标比对系统，给我们相对专业、权威的建议。当我们拿不准注册哪个类目或者需要增加哪个类目的时候，他们都会给出相对专业的解答。按照大部分代理机构的报价，注册一个普通商标一个类目的市场价格是人民币 800 ~ 1 200 元。

在产品的专业性问题上，一般的代理机构都给不了我们太多的帮助，因为他们都不太了解产品。除非这个代理机构是专注于一个行业、一个产品的，否则，他们不会深入地去了解我们的产品，也不可能知道我们产品的具体用途、性能、需要做哪些防御性的注册类目等。在一个产品需要注册多个类目的地方，我们必须用自己专业的行业、产品知识，配合代理机构的商标专业知识，综合评价我们的新商标，争取一次性顺利通过。

（二）自主注册商标

在中国注册商标这个事情上，我首先推荐大家使用阿里巴巴旗下的"万网"，域名是 www. net. cn，这是一个多功能的互联网平台，我们可以在这个网站注册域名，也可以注册商标。

在万网提交自己满意的商标类目以后，我们可以通过万网选择新申请人的

"添加新信息"，这里可以选择"个人"或者"企业"，申请人身份选择为"企业"，只要我们准备好营业执照副本复印件，加盖公章，再扫描就行了。选定了申请人以后，支付完毕就可以等着商标进入正式的注册流程了。根据万网的网页显示，从"创建订单"到"申请材料审核"需要3个工作日，"提交商标局"需要1天，"获取回执"需要1天，"商标局形式审核"需要1~2个月，"商标局实质审核"需要5~6个月，"商标局初审公告"需要3个月，最后"申请完成"需要1~2个月，以最长周期来看，正常的话，需要一年左右。

根据我们的注册经验，在万网注册商标的时候，商标名的查询阶段，我们可以同时使用国家知识产权局商标局"中国商标网"的官网来查询：sbj. cnipa. gov. cn。在中国商标网里面，有"商标近似查询""商标综合查询"，我们可以通过商标的名称或者申请人名称等多种形式查询。通过万网和中国商标网的综合比对以后，再注册商标，这会提高商标的通过率。

另外，我推荐几个比较特殊的国家地区的商标查询注册方式给大家。首先是美国的商标查询网站 www. uspto. gov，里面有保护专利查询 www. uspto. gov/patent 和商标查询 www. uspto. gov/trademark。

第三节　著作权的布局

一、产品的包装设计

（一）产品的中英文设计

根据《中华人民共和国著作权法》第三条，著作权所称的作品，包括以下列形式创作的文学、艺术和自然科学、社会科学、工程技术等作品：（一）文字作品；（二）口述作品；（三）音乐、戏剧、曲艺、舞蹈、杂技艺术作品；（四）美术、建筑作品；（五）摄影作品；（六）电影作品和以类似摄制电影的方法创作的作品；（七）工程设计图、产品设计图、地图、示意图等图形作品和模型作品；（八）计算机软件；（九）法律、行政法规规定的其他作品。

在产品的文字描述中，我们可以将产品的文字、图片、视频等向国家版权局申请著作权。下面，我介绍三种申请文字作品、美术作品著作权的方式给大家参考。

第一种是用中文的产品设计向中国国家版权局申请著作权。如果是文字版本，正常提交，如果是美术作品，比如图片，需要以 PDF 格式提交。

第二种是用英文的产品设计向中国国家版权局申请著作权。这个时候，需要将英文文字内容翻译成中文版本，同时提交两种语言的版本给国家版权局。

第三种是用英文的产品设计向美国国家版权局申请著作权。在美国申请"文字作品"著作权，商标需要删除"©"的标志。如果是申请"美术作品"，即图片设计，需要提供实物的照片。

我们还可以登录中国版权保护中心国家版权登记门户网 www. ccopy-right. com. cn 和中国版权服务公众号（微平台）查询著作权信息。

（二）产品设计中的非著作权

请注意，我国著作权保护的对象是作品。所以，以下几种方式不属于著作权保护的作品。

（1）篇幅较短的广告语。比如 2010 年 10 月 A 公司与 B 公司关于"月星家居，我心中的家"广告语的案件，法院二审宣布，认为此广告语并不构成著作权上所称的作品，所以，他人使用不属于侵权。

（2）著作权只保护作品的表达形式，不保护作品的思想、主题。也就是说，假如我们有一个非常好的思想构思，我们可以这么想，这么做，别人也可以这么想，这么做。但是，假如对手使用了我们的文字，我们可以向法院起诉别人抄袭，但我们不能向法院起诉别人抄袭了我们的思想。

（3）作品的著作权和作品的载体所有权可以区分。比如本书的著作权属于黄仁华，我们读者买了以后，读者就拥有了本书的所有权，可是，本书的著作权还是黄仁华本人的，我们读者可以将书借给别人阅读，但是，未经作者许可，我们不能将书的内容抄袭、转载给别人。

（4）根据《著作权法》第十二条，改编、翻译、注释、整理已有作品而产生的作品，其著作权由改编、翻译、注释、整理人享有，但行使著作权时不得侵犯原作品的著作权。在实际的案例中，我们肯定需要借鉴原作品的著作权，所以，未经原作品著作权人的许可，我们改编、翻译、注释、整理后的作品的著作权不能受到法律保护。

二、产品的文案设计

（一）差异化

当别人问你，你与别人有什么区别时，假如你回答"我是男的"，这等于没有说；当别人问你，你擅长什么呢，假如你回答说"我什么都会"，这也等于没有回答，等于你什么都不会。

产品的文案设计是一样的道理，没有差异化的内容，等于白说。我之前介绍了产品的定位最关键的是"不同"。在产品的文案设计上，我们可以做到几个不同：

（1）文字描述不同。文字描述中，除了国家法律法规规定的内容外，我们还可以重点将产品的不同之处，尤其是把精华提炼出来，用客户喜欢的文字描述出来。衡量文字是否有效的第一标准就是客户是否喜欢，客户看了文字是否有购买欲望。

（2）排版不同。文案不同的排版会给客户带来不一样的感觉。时代在变，我们使用的工具也在变，因此排版也变化巨大。比如报纸广告，可以长篇大论，但是，今日头条广告，就必须很简短；原来的电脑端的内容，一旦到了手机端，文字大小等必须变化。

（3）颜色不同。人配衣裳马配鞍，和谐的颜色搭配会给客户带来耳目一新的效果。

（二）个性化、定制化

一个没有个性的产品设计，就像馒头一样，平淡无奇，无人关注；一个有个性的产品设计，就像蛋糕一样，五颜六色，人见人爱。个性化意味着，我们只需要取悦一部分客户，我们就挑选那部分对我们的产品感兴趣的人就可以了。对于个性化的文案设计，我们不要用"对与错"的思维来评判。我们公司之前有一位设计师，22岁，戴了一副非常时髦的眼镜，但是，眼镜里面没有镜片。有一次，我就问他，"你为什么戴一副没有镜片的眼镜，在哪里买的？"他告诉我说，戴眼镜会很酷，又显得很有文化，他就是被一个广告词"去镜片的眼镜更酷"吸引购买的。

个性化的文案，我们要找到客户最在乎的痛点，然后根据客户的痛点，找到对应的解决方案，并以文字或者图片的形式表达出来。也可以理解为从我们阐述的"多、快、好、省"的角度去表达。

个性化的文案，越具体越好。我们在表述卖点的时候，千万不要求多求全，我们要做的是，一个点打动客户，然后围绕客户感兴趣的这个点，讲故事，讲案例，直到深深地将客户吸引。

三、有创意的模式

在我们国家的法律规定中，只有发明、实用新型、外观设计三种专利。但是，还有一种是有创意的商业模式保护，运用在互联网上，是国家对于互联网的一种额外的专利保护。商业模式专利，实际上是指利用IT技术进行的商业行为，因为牵涉到一些信息处理过程，具有比较强的技术性，即把某个交易过程的技术内容抽取出来，在实质上达到对互联网商业模式的保护。

2006年5月30日，国家版权局、工业和信息化部颁发的《互联网著作权行政保护办法》（以下简称《办法》）开始实行。《办法》涉及网络信息服务提供者的行政法律责任承担，著作权、互联网信息服务提供者、互联网内容提供者在保护网络著作权中的具体做法，对严重违法侵权行为的处理等19条内容。适用于互联网信息服务活动中根据互联网内容提供者的指令，通过互联网自动提供作品、录音录像制品等内容的上载、存储、链接或搜索等功能，且对存储或传输的内容不进行任何编辑、修改或选择的行为。

第七章

外贸品牌的推广之路

第一节　选对推广渠道，就是选对鱼塘，钓对鱼

一、B2B、B2C 大平台的数据分解

（一）阿里巴巴的数据分解

选平台，就是选客户、选流量。选择一个合适的平台，就如同女孩子嫁对老公一样重要，平台对了，自然就有客户，而且有优质客户；平台的流量和现金越多，我们可选择、可运营的资源就越丰富，我们可以选择的机会也就越多。

阿里巴巴国际站平台是 2008 年 10 月开通的，距今已有 12 年的历史。从阿里巴巴平台最开始的"出口通"到"全球宝"，再到关键词排名、金品诚企，再到如今的 P4P 加数据时代。从最初的 1 个阿里巴巴国际站平台，发展到如今的 6 个国际站平台，平台在发展的过程中，企业也在发生巨大的变化。

阿里巴巴国际站的平台流量来自多个渠道，除了常规的引流渠道以外，还有 2 个特别的引流渠道。一个是国际站的多语言加在线批发，里面除了英语之外，还有西班牙语、日语、法语、葡萄牙语、俄语、德语、意大利语、阿拉伯语、土耳其语、韩语、越南语 11 个语种的市场。其中每个小语种产品可以发布 600 个，在线批发产品发布 500 个。另一个是我们可以在平台里面发报价请求（request for quotation，RFQ），阿里巴巴的 RFQ 又称采购直达，是指买家主动填写采购信息委托阿里巴巴平台寻找合适卖家，供应商可查看采购需求，根据买家要求及时报价。当找到相应的买家采购需求以后，我们可以精准报价，

然后再次沟通。

目前为止，大部分从事 B2B 业务的外贸企业，都选择了阿里巴巴平台，毕竟目前它是中国流量最大的一个外贸平台。

（二）中国制造网的数据分解

中国制造网已经拥有 12 年的历史，在这 12 年的发展中，平台的数据稳中有升。中国制造网，最初只有英文站，只能发布 400 个产品，2015 年，中国制造网英语站，可以发布 1 000 个产品。2018 年 3 月 1 日起，中国制造网用户可以升级为"钻石会员"，同时发布英语产品 3 000 个，里面还有西班牙语、葡萄牙语、法语、俄语 4 个小语种供选择。

中国制造网的平台里面，含有"买家开发"模块，里面有"搜索采购需求、搜索买家、美国海关数据"等项目供选择，类似于阿里巴巴国际站的RFQ 功能。

另外，中国制造网还有一个特殊的功能，每个账户，每天可以在平台里面一对一发 100 封开发信。你可以选择国家，选择自己的行业，然后将开发信发给对方。这就跟我们平时去求职，投递简历一样，当你被对方赏识，然后收到对方的回复的时候你才能看到客户的联系信息，包括姓名和邮箱等。当然，开发信也有可能石沉大海，所以，我们需要不断努力。

2009 年的时候，我们公司在中国制造网投入了 19 800 元，当时只可以发布 100 个产品，总询盘 173 个，单个询盘成本 114 元；2018 年同一个平台我们公司投入了 27 500 元，发布了 1 500 个产品，总询盘 387 个，平均成本71 元。

（三）谷歌的数据分解

作为全球互联网搜索引擎的第一名，谷歌在全球的流量占比依然是非常大的。谷歌公司不但有谷歌搜索，还有谷歌地图、谷歌火星、谷歌月球、You-Tube、Android、Chrome、Gmail、Google Play 等业务，另外，谷歌还有 Chrome-cast、ChromeBook 笔记本、Nexus 手机、谷歌自动驾驶汽车、Google Glass 等。

这些错综复杂的业务，给公司带来了巨大的流量，也给这个平台带来了络绎不绝的业务。

Google Ads，之前叫"Google Adwords"，是谷歌拥有和运营的在线广告平台，也是全球规模最大、使用最广泛的在线广告平台。选择 Google Ads 平台的广告用户可以通过"搜索网络"和"展示广告网络"来定位客户。最初的时候，我们公司是通过第三方建立了自己的独立网站，同时，也是通过第三方的代理机构充值、操作谷歌的平台。

2013 年，我们通过第三方建立了自己的独立网站，2014 年我们花在谷歌的广告费用是 59 200 元，合计收到 336 个询盘，询盘平均成本为 176 元左右一个，外加代理操作费 25%，代理费 14 800 元，共计 74 000 元，每个询盘成本的单价为 220 元。

2018 年，我们自己重新建立了官网，自己独立操作，省去了代理费。2018 年一样的平台，产品的广告费用为 9 549.68 美元（我们使用的是个人信用卡支付），按照 2018 年 12 月 6 日的中行折算价汇率为 6.71，折合人民币 64 078.35 元，年度总询盘 430 个，每个询盘成本的单价为 149 元。

二、展会与地推的效果分解

（一）展会的数据结果

做品牌，通过展会展示产品，扩大品牌的知名度是一个必不可少的渠道。

展会可以分成两类：一类是综合性的展会，比如广交会；还有一类是专业性的展会，比如中山古镇的灯展，深圳的电子展。我们可以根据行业和产品的性质，决定参加哪些行业展和国家展。

根据我们以往的经验，作为品牌的形象展示平台，展会的选择非常重要，展会的位置也至关重要。展会的核心，就是位置。一个在好位置摊位顶十个甚至百个展会摊位，因为这会直接影响到客户的成交、团队的信心等。自从做品牌以后，我们先后参加了美国、德国、墨西哥、印度尼西亚、印度、波兰、南非、澳大利亚、越南、泰国等国家的专业展会。此外，我们已经连续参加了十多年的广交会，从来没有间断过。

2018年4月15日至4月19日，我们参加了中国进出口商品交易会即广交会。我们一个摊位派出了6位代表去参加，一共收到了192张名片；2018年10月15日至10月19日的广交会，我们同样派出了6位代表，一共收到了185张名片。截至2019年3月10日，仅2018年广交会收到的名片，共成交15个客户、7个城市代理。

（二）陌生拜访、地推的数据

在所有的成交方法中，面谈是成交率最高的一种方式。我们常说，网上聊一千遍、一万遍，不如面对面见一次。为了加快我们的成交速度，提升我们的转化率，同时做市场调研，我们通常会选择去拜访陌生（简称"陌拜"）客户。

2017年，我们以陌生拜访、地推的形式走访了马来西亚、新加坡、越南三个市场。我们之所以选择从东南亚国家开始，一方面是因为这些国家都挨着中国，我们陌拜的成本会相对较低。另一方面经过我们的市场调研，这些国家都有良好的产品需求。2018年，我们又拜访了印度、美国、斯里兰卡的客户，通过走访，我们更加拉近了彼此之间的距离。

截至2019年3月，我们陌拜的客户成交率都非常低，这可能是跟我们的产品有关，但是，这也间接地说明，一个陌生的品牌，要想打开当地的市场，是多么的不容易。我建议，在每一个新品牌去做地推的时候，务必保证当地有经销商，或者说至少在当地有样品支持，可以让客户看到、体验到才是最好的模式。

（三）客户来厂的数据分解

作为品牌方，我们要想找到合适的代理，或者是把产品销售给终端客户，面对面沟通是最快、最有效的成交方式。面谈只有两种方式，一种是我们过去拜访客户，还有一种是主动邀约客户来参加展会，或者参观公司工厂。在这两种成交的方式中，又以客户来中国观展或者看厂的成交可能性最大。

不管是哪个行业，如果你想成交大客户，邀约客户来看厂是一个非常好的方式。根据我们公司的历史数据显示，只要来看厂的客户，99％都是有意向购买产品的客户，确切地说，没有一个国外客户会闲着没事做，花几万块钱，还要花时间，乘坐来回几十小时的飞机、高铁、汽车来中国玩。所以，来的人，都是对的人，来看厂的客户，都是来签单的客户。2013年，我们在做氢氧机的贸易期间，不但没有系统地学习品牌的经营与管理，也没有认真去总结以往的外贸经验，结果是十个来看厂的客户，有九个做不成，以致我们的业务员都害怕客户来看厂。

从2015年至2019年期间，我们不断地学习与成长，组织了公司的五位销售经理，发动了公司几十位销售精英，花了三个月的时间，共同编写了我们的《外贸销售宝典》。同时，我们推出了自己的"中榜商学院"，号召我们的员工每人一堂课，每人一本书。在这期间，我们公司就形成了多个课题组，多个理论联系实际的老师，有专门讲市场营销的，有专门讲客户接待的，有专门讲大客户成交的，等等。2018年以来，经过我们大家的共同努力，来厂参观的客户成交比例由原来的十个有九个做不成，变成了十个有九个做成了。

三、如何根据不同的行业选择渠道

（一）根据行业的特色选择销售渠道

每个行业都有自己独特的销售渠道。销售渠道就好比是你从一个城市的北边去南边的路，以前，大家都骑自行车去的时候，你开着汽车去，你就先到达终点站；现在，大家都开上车，道路拥堵的时候，你骑自行车，你就先到达终点站。渠道不同，意味着你的选择不同，也意味着客户不同。

外贸的销售渠道五花八门，无奇不有，要想真正找到一条适合自己的销售渠道，可以从几个方面考虑。

机械类的产品，如果自己公司资金有限，第一年可以考虑从一个网络平台加一个展会开始。化工类的产品，如果是原材料性质的产品，我们目前调研的很多企业，都对网络平台利用得不太好，甚至有部分化工企业，连网络平台都没有，但是，他们的生意却不错，这就是渠道问题，因为化工类的产品，有很多都是危险品，哪怕是寄送样品，都非常困难。这些产品，大部分都是走的专业路线、专业展会，一对一沟通。建材类的产品，依我们从事此行业 15 年的经验来看，网络平台的效果是非常理想的，成交率也比较好。因为这类的产品比较多，客户需要在网络上甄选自己的供应商，所以，通常都会在网络平台发询盘。陶瓷类的产品，因为品种较多，看样成交的客户比较多，这个时候，展会的效果普遍会比较明显。灯具、卫浴、家具类产品，都是以实样成交的概率比较大。

在外贸的销售渠道中，其实还有另外几种渠道非常有效，比如电话营销、会议营销，还有部分产品的杂志宣传。大家知道，在外贸网络平台中，有一个最古老的平台是环球资源外贸网，这个平台的发展历史比阿里巴巴、中国制造网都久。实际上，这个外贸平台真正有效的是它们的杂志广告。从 2009 年开始，我们在环球资源外贸网投放了网络和杂志广告，持续了几年的时间，有一定的效果。据我们的研究，灯具类的广告在环球资源外贸网的效果特别好。另外，汽配类的产品，比如发动机活塞、垫片等在专业汽车杂志上的广告，效果也是非常不错的。

（二）线上线下一体化，电话营销、网络营销、展会营销、地推一体化

最万能的渠道就是全网渠道，即线上线下一体化，电话营销、网络营销、展会营销、地推一体化。下面我们介绍一下详细的操作步骤。

首先，我们需要根据自己的具体产品，选择参加一个国外的专业展会，这个展会的时间是确定的。在这之前，我们要做好网络的全部布局，包括自建的独立网站，阿里巴巴、中国制造网、谷歌的广告投放，另外还有 Facebook、领英等社交媒体的宣传，总之，把能做的网络广告都以固定国家、固定关键词、固定花费的形式做起来，拿到客户的信息及需求。

紧接着，我们要加大电话营销的力度，进行海量的电话邀约，以及电话确

认拜访的时间。同时，电话沟通以后，我们要再次以邮件的形式双重确认拜访的意向及具体时间。为了更快更及时地保持互动，我们会第一时间添加客户的WhatsApp，然后立即在线互动。

当我们积累了 10 个潜在客户、10 个意向客户以后，我们就可以开启展会之旅了。我们会在展会前预留 3~5 天，重点去拜访那些潜在客户和意向客户，并且再次邀约他们来展会洽谈。当大量的多次邀约的客户来到展会以后，我们要认真介绍样品，争取现场收定金。一般的国际专业展会都是 3 天，所以，万一有的意向客户在展会期间没有签合同，那么我们要第一时间跟客户再次预约，并与客户约定拜访客户公司的时间。也就是说，当展会结束以后，我们马上会再次拜访之前邀约的潜在客户和意向客户，同时，重点拜访展会期间来访的大客户。

只要功夫深，铁杵磨成针。只要坚持不懈地努力，我相信，我们一定可以打动客户。同时，我也坚信，只要我们能做到网络营销、电话营销、展会营销、地堆一体化，没有拿不下的客户。

第二节　打造独立网站推广品牌

一、独立自主网站的建立方式和内容

（一）独立网站的建立方式

打造自主品牌的第一步就是建立自己的独立网站，这也是我们的终极目标。为什么说拥有独立品牌的网站是终极目标呢？这是因为平台的所有权问题造成的。独立网站，所有权是企业的，所有的流量进入自己的网站以后，也具有唯一性、排他性。假如是其他外部的平台，比如我们常用的阿里巴巴、中国制造网等，这些平台都是公共的，我们控制不了的。独立网站好比是企业的亲爹，其他的平台好比是干爹。亲爹只有一个，干爹可以有很多个。亲爹的身份是改变不了，平台资源是可以子承父业的；干爹的身份是很尴尬的，时有时无，而且不能子承父业。

每一个企业，每一个品牌，都会建立自己的独立网站。在建独立网站的时候，我们有两种模式可以选择，一种是自己独立建站，还有一种是委托第三方建站。我们公司刚起步的时候，是通过朋友建站的，那时候的我对网络并不专业，域名、品牌、建站所有的内容，都是通过第三方去注册运营的。目前为止，我们通过第三方建立的网站基本都闲置了，没有再追加广告投入。因为之前通过第三方建立的网站、选择的域名不理想，加上自己当时不专业，域名竟然还包括了"－"。另外，当时与第三方对接的网站内容，都是按照第三方的模板制作的，与同行的网站千篇一律，根本不能支撑我们的品牌形象。

也就是说，如果我们想通过第三方来给自己建站，自己也必须懂得建站的基本内容框架，尤其是必须懂得做"选择"，当第三方提供了域名、服务器等给你选择以后，你要做出判断。比如服务器是放在中国内地，还是中国香港，还是美国呢？答案是中国香港或者美国，因为我们做外贸，需要的是国外客户浏览网站速度快。可是我们中国的第三方代理机构，都是在中国内地，他们为了降低成本，往往会将服务器放在中国内地。另外，关于网站的内容，只要你有想法，第三方代理机构是很容易帮你实现的，比如你需要设计成什么样的页面，网页的内容想达到什么样的结果，只要你告诉第三方，他们都可以帮你实现。总之，通过第三方代理机构建立网站，你有想法，你就主导第三方，如果你没有想法，那么他们就主导你，关键是，费用都差不多，结果却完全不同。

如果是自己独立建站，那么命运都把握在自己手中，只要我们有专业的建站人才，很容易实现。比如我们现在的网站，从0到1，都是我们自己建站、设计、优化、推广的。效果比以前更好、更快，而且可以随时更新网站动态。

（二）独立网站的内容

根据我们公司市场部的大量建站经验来看，我们的独立网站，无非都是下面几个内容。

首先是公司介绍。公司的介绍中，我们需要大量地展示自己的优势，特别是那些只有你或者你的企业才拥有的资质，比如发明专利、商标、老板身份、公司年限等。

其次是产品介绍。在产品栏目，我们应该解决客户的三个为什么。第一个为什么，即"为什么购买某某产品"。客户为什么购买某某产品？针对这个问题，我们需要重点展示产品或服务能给客户带来的好处和坏处，也就是说，使用了我们的产品或服务，客户会得到什么，客户会失去什么。再接着是解决客户的第二个为什么，即"为什么购买我们的某某产品"。客户为什么购买我们的某某产品？一定是我们的产品比竞争对手的产品好。在这个环节，要将自己产品或服务的性能、特征等一对一与我们竞争对手的产品比较，总之一条，敌人支持的，我们都反对；敌人反对的，我们都支持。我们一定要营造跟竞争对手不一样的东西，同时要打败竞争对手。最后一个产品介绍是解决客户的第三个为什么，即"为什么现在购买我们的某某产品"。这个为什么的答案是最难寻找的，我建议团队好好去思考。通常，我们建议"威胁"客户最管用，比如限时，过期就没有优惠了；限量，到时候就没有送这么多赠品了；限人，现在买，可以免费赠送名额。还有一些稀缺资源，"威胁"客户更容易达到"为什么现在购买我们的某某产品"的效果，比如"代理权""分销权"等。

再次是客户服务、品牌新闻等。客户见证是引起客户共鸣的一个非常好的方式，尤其是同等规模、同样语言、同样区域、同样爱好、同样性格的客户，更容易引起共鸣。

最后是联系资料和零风险承诺。联系资料这里，我们一定要检查我们的电话号码，因为这是自己或者第三方最容易犯错的地方。比如我们要把电话号码放在网站里面，很多人是这么放的"0086 – 0731 – 8987××××"，一看上去感觉没有错，但是，国外客户却打不通，因为这中间多了一个"0"。正确的显示方式是"0086 – 731 – 8987 ××××"，手机号码的显示也是一样，记得去掉中间的"0"。当我们编辑完联系资料，包括联系人、地址、邮箱、电话、在线方式以后，我们还可以添加一个"零风险承诺"或者"低风险承诺"条款，即你购买了我们产品以后，多少天可以包退、多少天可以包换等。

（三）品牌方必须自己做的事

网站建设的过程中，专业的人，做专业的事情，我们可以将建站、美工、设计、优化等交给其他的人，但是，唯有三件事情是不能外包的。

第一件事情是产品的关键词。产品的关键词决定了我们的客户群体，这是一个源头和方向问题。产品的关键词会贯穿一个网站从开始到结束的全过程。关键词对了，客户就对了；关键词错了，客户就错了。产品的关键词要跟团队反复校对、论证，才能提交给建站人员。同时，关键词的数量也是非常重要的，关键词覆盖的数量越多，排名越好，将来得到询盘的机会就越多、越好。我们千万不要为了省事，让建站人员随意安排产品关键词。

第二件事情是检查和体验。再厉害的建站人员都会出问题，毕竟码代码是一件非常烦琐复杂的事情。我们提交了大量的资料，这里面可能会有一些错误，尤其是英文的网站，例如拼写等。根据我们的经验，目前国内很多的建站人员，原来都是以中文网站为基础进行学习，他们在建设中文网站的时候，不会有问题，但是，在全英文的网站中，容易出现拼写、排版等方面问题，我们需要仔细检查。网站客户体验度的好坏是考核一个网站是否优秀的最重要的指标，客户的体验度好，那么客户在线咨询的概率就高，相反，我们的网站体验度不好，客户跳转、跳出率也就高。

所以，在网站正式上线之前，我们自己要反复体验，我们的员工也要反复测试，用电脑、用手机、用 iPad 测试；用苹果、华为、小米等不同品牌的手机测试；用谷歌浏览器、360 浏览器、火狐浏览器等测试；在中国、美国、日本、新加坡等测试。总之，小心驶得万年船，在网站上线之前要把一切问题解决，杜绝其影响客户体验。

第三件事情就是数据分析。对于网站的整体效果要不断进行数据总结，对网站内容、关键词排名、客户体验度、询盘反馈量、平台成交量等情况进行彻底的数据分析，并调整计划。

二、三个社交媒体的交互式营销

（一）Facebook 的营销推广

Facebook 是目前外贸行业中最活跃的社交媒体，是跟我们中国的微信一样的工具，在国外，基本人人都有。也就是说，假如客户通过邮件给我们留言以后，我们通过 Facebook 有很大的可能找到他们。反之，我们通过 Facebook 的营销推广，也能让客户找到我们。

Facebook 的功能非常多，外贸企业最常用的是以下几个功能。

首先是"添加好友"功能，我们可以通过客户的名称、邮箱、手机等资料，找到客户，然后主动添加客户为我们的好友。其实这个在中国，就跟我们以前玩"QQ"一样，我们自己先把资料注册、完善好，就可以主动搜索行业、搜索客户，然后添加好友。

其次是"群组"功能。Facebook 有各式各样的群，跟我们使用的 QQ 的功能一样，有同学群、驴友群、车友群等。在这个过程中，我们需要编制一个入群的理由，给群主一个让我们通过的理由。

对于 Facebook 而言，还有一个最重要的功能就是"朋友圈"展示功能。当我们添加好友以后，就可以看到好友的朋友圈，我们可以看到他的新闻、图片、小视频等。朋友圈，就是一个最好的广告平台。我们可以将自己的产品以硬广告、软广告的形式发送到朋友圈。当然，真正专业的外贸人员，都不会天天发赤裸裸的硬广告，毕竟那样的话，对于朋友圈的影响是非常大的。这就跟我们平时的"微商"一样，我们把微信的朋友圈当成是信息展示的地方，如果你把它变成了一个直接卖货的地方，那么你很可能就会被好友删除或者拉黑。所以，在 Facebook 朋友圈的展示，我们要尽可能地展示各种各样好吃的、好喝的、好玩的，中间顺便发送我们的产品广告。

最后一个是付费广告，目前 Facebook 已经开放了付费广告模式。我们可以在这个平台推广自己的企业和产品。Facebook 的付费广告，操作非常简单，只要我们稍加学习就可以学会。

（二）LinkedIn、YouTube 的营销推广

LinkedIn 在中国也叫领英。它因为专注于求职和招聘，广受全球职场人士的喜爱。每一个企业都要招聘，所以，不管大小企业，都会热衷在各种招聘平台投放宣传广告，招聘广告；每一个求职者，都希望找到一份称心如意的工作，所以，他们会在各大招聘平台投递求职简历。一个在求职，一个在招聘，刚好是不谋而合，这造就了 LinkedIn 的成功。随着全球市场的互通，人才的流动也越来越频繁，人们更加关注外面的世界。

LinkedIn 在我们外贸行业的应用中，主要有三个功能。

一个是企业、产品展示功能。LinkedIn 具有巨大的客户在线数，活跃度也非常高，这让 LinkedIn 具备了强大的广告功能。我们的产品如果展示在 LinkedIn 平台上，那么就很容易受到全球客户的关注。所以，我们可以将企业信息、产品信息等发布到平台上，筑巢引凤，等待客户的到来。还有一个是"添加"好友功能。LinkedIn 跟其他的社交媒体一样，也可以通过客户姓名、电话、邮箱等找到客户，然后主动添加客户为好友。最后一个是"发送开发信"功能。

文不如图，图不如视频，YouTube 的崛起不是偶然。我们在推广品牌的时候，视频广告是一个最佳的选择。这跟我们人类的记忆力有关系。我们记忆力的强弱递减逻辑是这样的，亲身亲历的，终生难忘；道听途说的，没多久忘记了。我们看过的视频，可以回忆一辈子；我们看过的图片，可以回忆一阵子；我们看过的文字，可以回忆一下子。YouTube 的营销推广中，主要是视频推广，其次 YouTube 也有跟 Google Ads 一样的付费推广平台。

综合我们公司的实战经验，我建议大家：用 LinkedIn 发邮件，用 Facebook 发图片，用 YouTube 发视频，每个平台都紧紧围绕自己的品牌形象，聚焦品牌资源，通过组合模式，将推广效果达到最好。

三、B2B 平台的辅助推广

（一）平台流量大，有广告效应

大平台，大流量；小平台，小流量；无平台，无流量。我们不但要做好自己的独立网站，还要做好社交媒体的运营推广，同时，要运用好大平台，比如阿里巴巴，中国制造网等。

我在给其他企业家授课时，发现大家都会问同样的问题，比如"阿里巴巴效果怎么样""中国制造网效果怎么样""我们是做化工产品的，我们要不要做阿里巴巴"等问题。大家问类似问题的背后，其实就是在关注平台的流量和效果。大平台要不要做，实际上不是我们应该考虑的问题，因为每一个新品牌都需要大量的广告，如果有大平台的背书，那将极大地提升我们品牌的形象，提升我们的销量。所以说，大平台是我们新品牌必做的推广渠道。

另外，大平台都在国外投入了大量的广告进行宣传，国外的买家都会通过大平台寻找供应商，也就是说，大平台会拥有大的流量入口，大的采购商。我们作为新兴的品牌，需要海量的流量，去加大我们品牌的知名度，让更多的客户熟悉我们的品牌，然后购买我们的品牌。

另外，每一个网络大平台，都是上市公司，上市公司是公众企业，容易受到广大消费者的关注，无形之中给平台带来了大量的广告和流量，增加了客户的数量。大平台还给平台创始人带来名人光环效应。以阿里巴巴的创始人马云为例。马云经常被世界各国的领导会见，世界各国的参观者对阿里巴巴的参观走访更是络绎不绝，这也给平台带来了巨大的流量。

大平台，大流量，流量的背后是客户，客户的背后是订单。

（二）平台有背书

平台有第三方机构的背书，这也是国外采购商看中的因素。不管哪个平台，都会有专业的第三方认证，而且都是实地认证。比如 Bureau 认证，TÜV SÜD、SGS 认证等。如果我们做的是金品或者钻石平台，那么平台还有专业的认证报告，可以随时供采购商下载。这些认证里面包括了公司的营业执照认证、公司工厂认证、员工人数认证、各种资质认证等。这极大地提升了客户对公司产品品牌的信任度，缩短了客户的考虑时间。

平台公司作为上市企业，受到全球人们的监督，企业更加透明，更加规范，消费者通过平台买卖也更加放心。上市企业都需要努力提高市值，为股东创造更大的价值，这也倒逼平台经营管理者更加用心地服务客户，帮助客户实现价值。在这个过程中，买家和卖家的感受都会受到平台方的关注，促使他们的平台不断提升，这对于平台来说，也是非常好的背书。

大平台还拥有客户口碑，尤其是一个持续很长时间的平台，肯定是受到了客户的喜爱，客户才会持续通过这个平台来采购下单。客户口碑是平台运营的基础，因为平台需要不断增加新客户，并且保证老客户的存量和老客户的活跃度。客户的口碑就是平台最好的背书。

第三节　招代理，让品牌落地开花

一、线上招代理

（一）品牌起步，招代理模式相对容易成功

新品牌，新渠道，有能力者，自己建设销售渠道。自建销售渠道相对稳定、可靠，毕竟是自己的团队，缺点是费用大，比较耗时间成本，一般的小微企业承受不了。当产品是新品牌的时候，采取代理模式是最好的方式。

2012 年 4 月 16 日，广东万事达厨具电器有限公司成立，工厂主要为国内外一二线厨具品牌代工。2013 年 6 月，有着 15 年厨具行业经验的鲍坤总经理，开启了从"代工工厂"向"自建品牌"转型的道路。刚开始，他们利用的是传统的"扫街"模式和展会去寻找客户，但是，效果并不好。2014 年 5 月，

鲍坤改变自己的业务模式，采取了全新的招商代理模式。首先是对网站进行重大改版，实践网络营销新玩法，将以前的僵尸网站变成互联网营销网站；其次是精心制作3D建模微视频，通过自媒体传播品牌文化等。

改版后的网站，第一年招代理商150家，年销售额人民币1.5亿元，分销网点200多家。得益于原来给一线品牌贴牌的经验，以及一线品牌的高品质要求，"万事达"厨具在短短的几年时间，快速发展，目前全国已经有400多家线下体验店。"万事达"带领代理商实现品牌突围，工厂华丽蜕变新锐品牌，杀出一片属于自己的蓝海。这就是一个典型从OEM转向自主品牌的企业，一个通过招商代理模式成功的企业。

一个行业的新品牌，需要的是新代理、新客户。通常，行业里都会有许多的老品牌，这些品牌都已经名花有主。如果我们这时候，以新品牌、新公司的身份进入市场，那就意味着，我们是行业的搅局者，也是行业的破局者。在我们招商的过程中，市场上肯定也有许多客户在观望、关注这个行业。他们希望有新品牌出现，然后可以代理这些新品牌，从而从整个行业中分一杯羹。我们需要做的事情，就是找到那些想做代理的人，然后给他们一个做代理的好处，诱使他们成为我们的代理商。

（二）通过代理建立市场口碑

不管是直销还是代理、加盟形式，我们都需要建立良好的客户口碑，这样才能让我们的品牌成为消费者心中真正的首选品牌。客户口碑可以等同于市场口碑，一个品牌的好坏，是客户说了算，市场说了算。

客户口碑的建立是一个非常漫长的过程，这需要我们不断进行广告投入、销售跟进、客户服务等。比如我们的国外代理商都会建立当地的小语种官方推广网站、小语种社交网站、小语种客服、小语种宣传折页等。同时，我们的代理商还会组建新的代理销售团队，如果是设备类，都会雇用专业的工程师来对接维护、售后等工作。另外，代理商还需要强大的财务支撑，毕竟要想拿到一个品牌的全国代理权，一般都需要交付一定的品牌保证金，哪怕是新品牌，通常也要一次性购买一定数量、金额的产品。为了打造良好的客户口碑，我们需要全方位的支持，包括来自企业和政府的支持等。假如我们找到了合适的代理，那么这些工作都会由我们的代理加盟商去做，毕竟他们在本土，他们通晓本土语言、本土文化，更擅长做本地化销售。

我们通过发展国际代理商，逐渐将我们的品牌覆盖到他们的国家地区。通常，一个国家代理，又会寻找多个城市代理，城市代理又会寻找多个终端支持，这一系列的中转流程，无形中又给品牌做了一次广告。随着我们品牌市场的打开，客户的接受度越来越高，我们的品牌知名度会越来越高。你会发现，越来越多的客户会指名要我们品牌的产品，而这个时候，也就意味着，客户口碑正在朝我们设计的方向发展。

成也代理，败也代理；成也口碑，败也口碑。我们必须加倍注重与代理商的合作，加强与代理商的配合，时刻关注代理商的动向。代理商的位置非常特殊，他既不是品牌的拥有者，也不是品牌的终极消费者，但是，他却是品牌的传播者、布道者。我们在与代理商的接洽中，一定要本着互惠互利、共荣共进退的原则，消除代理商的戒心，让代理商全力以赴地去开发市场，打造良好的客户口碑。

（三）代理模式：国家到省、市、县、乡

品牌的代理招商加盟，按照区域大小来分，有两种模式。一种代理模式是先从小区域开发代理，然后慢慢寻找大区域代理，比如先找一个村的代理，再找一个乡的代理，接着是一个县、市、省、国。还有一种代理模式是直接寻找国家代理，然后由国家代理去发展下面的省代、市代等。根据我们的实战经验，新品牌找第一个国家代理是非常难的，代理商需要有巨大的胆量和勇气才敢于尝试。我们公司几个品牌的第一个品牌代理的签订，都是通过试单，然后返单，最后再确认代理合作关系的。

我们团队现在的招商模式是从小到大的做法。我们首先是在一个国家寻找城市代理商，让我们的客户都以城市代理的身份签订合同。我们发现，当把一个国家化整为零以后，客户谈判相对来说更轻松了，毕竟要让一个相隔十万八千里的国外客户，一次性付太多的钱，那是相当困难的事情。可是，当我们以

对一个城市代理的要求来进行第一次合作的时候，大部分客户都是非常乐意的，成交率也更高了。

不管是哪一种代理模式，有几个原则，供大家借鉴。首先是代理的金额，如果客户不愿意交付一定比例押金的话，那么我们就要求代理商第一次购买的产品必须达到一定的金额。其次是客户的返单，我们要在代理协议里面注明，要求客户在一个时间段内返单。还有年度的销售金额也必须约定好。客户如果不按照我们的协议进行，我们就有权随时取消客户的代理权。最后我们需要在合作中明确买方和卖方的责任和义务，尤其是排他协议，也就是说，我们希望我们的代理商不要代理同行或者相类似品牌的产品。

二、线下招代理

（一）线下如何招代理

在国际招代理的模式中，线下是最简单、最高效的一种方式，毕竟面谈在所有的沟通方式中，是最直接、最有效的。所以，我们需要创造线下的招商模式。

线下的招商，之前我已经介绍了，一种是邀约客户来我们这里，还有一种是我们去客户那里。我们做得最多的是展会招商、看厂招商以及拜访客户成交和会议营销，其中会议营销模式招商效果快且好。下面，我介绍一个我们陌生拜访客户成交的流程供大家参考。

首先，我们会选定一个国家，并且将这个国家的地图找出来，将整个国家的市场调查报告做出来。接着，我们会进行市场分工，每个人负责的城市不同，然后，用软件将这个城市的所有意向客户资料找出来并且一对一地进行电话沟通。在电话沟通的过程中，我们会明确告诉客户，我们是做什么的，我们的产品优势，另外，告知客户，我们在某一天某一个时间段将去国外拜访客户，看客户是否方便。一切准备完毕，意向、潜在客户名单都准备了20份的时候，我们就会将客户的名单打印出来，一对一调研客户信息，然后提出对应的解决方案。

我们在订好机票以后，再次跟客户确认见面时间，并且以邮件形式再发一次。当我们带着准备好的样品、目录、我们给客户的支持等资料，顺利到达客户的国家以后，我们会第一时间将我们到达的图片以在线方式发给潜在客户。紧接着，我们会按照约定的时间，上门拜访客户。虽然很多客户和我们都是第一次见面，但是，在国际业务中，人见面三分亲，只要你去了国外客户那里，国外的客户不管再忙，都会抽时间接洽的。所以，经过我们的反复确认与安排，一般的客户都可以在他们的办公室和我们面谈。在面谈的过程中，业务员与业务经理的搭配是非常重要的，谈判的逻辑也非常重要，我们要让产品对客户有吸引力及诱惑力，另外，也要让客户有紧迫感，既好又容易失去的东西，人就会抓紧去争取。我们准备了 20 份名单，一般情况下，一天只能拜访 2 个客户，哪怕是拜访 60% 的客户，也有 12 家，也需要 6 天。如果条件允许，我们要争取更多的客户，走访时间也会更长。

万事俱备只欠东风，我们所有的工作做完以后，需要不断地给客户补充市场调查的信息，还有给重点意向客户信心，给予客户支持。正常情况下，只要客户找对了，信任建立了，成交也就不远了。

（二）代理商的好处、支持

我们招代理商的时候，都需要准备一套话术。首先，客户为什么代理某某产品？其次，客户为什么代理我们品牌的某某产品？最后，为什么现在代理我们品牌的某某产品？只要我们解决了这 3 个代理商最关心的问题，我相信，代理商一定会和我们合作。

第一个为什么的答案，通常都是行业内的答案，我们可以通过平时的市场调查，尤其是对竞争对手的调研，然后总结出这个行业独到的优势将客户吸引过来。第二个为什么的答案，重点是打败我们潜在的竞争对手，尤其是那个价格跟我们相近，客户又十分关注的同行，我们需要找到对方的劣势，然后以我们的优势去说服客户。最后一个为什么的答案是最难的，但是，每一个代理商的心理都是一样的，那就是追求唯一性、及时性。也就是说，如果他代理了这个品牌，别人就没有了，他今天代理了，别人就没有资格了。另外，假如他今天不代理，有可能就会被别人代理，那时候，他后悔就迟了。

在这期间，我们还需要特别制定对代理商的支持政策。首先，是代理商的独家权益，不管是国家代理，还是城市代理，都要反复告诉客户他的代理权益。其次，我们可以给代理商一些广告支持，比如说，假如他代理了整个国家，那么，我们就会把整个国家的询盘转交给他，并且将在我们的官网给他做广告。再次，我们还可以告诉代理商，我们能给他设计网站、折页、海报等，我们还可以给他介绍其他国家的成功经验。最后，再次告诉代理商，我们的服务支持，专职又专业的业务员、经理、客服、工程师、老板都会为他服务，我们的客服都是 24 小时在线提供支持。

三、线上线下融合招代理

下面，我们介绍一下广交会线上线下融合的具体方法给大家提供借鉴。

广交会一年两届，时间都是固定的。我们会提前两个月、一个月、一个星期分阶段性、地毯式地进行客户邀约，比如通过 WhatsApp，WeChat 的方式，问客户是否来广交会，同时发出邀请函，里面包括我们展会的具体时间、地址、联系方式等。

当展会来临前的一个星期内，我们会多次统计来访客户的名单，并且电话确认客户的行程，见面的具体时间等。广交会正式开始了，我们将准备好的系统的招商资料，包括折页、宣传彩页、PPT、图片、视频等打包到 U 盘，随时送给有意向的代理商。当客户表示出对代理有兴趣以后，我们的业务经理会一并介入谈判，与业务员共同对接意向代理客户。在我们系统地介绍现场产品以后，我们会再次邀约客户参加我们的代理商晚宴。

我们在广交会期间，都会固定在展会后的第三天晚上宴请所有的代理商以及意向代理商。这个晚宴是决定能否签订新代理的关键活动。我们安排所有的业务员，一对一地挨着意向代理坐，另外，特别安排 1～2 位关系好的正式代理入席，同时，还至少安排一位已经谈好，但是没有付款的代理商客户。在晚宴开始之前，会由我们的业务总监再次介绍我们的产品以及做我们品牌代理商的好处，并特别介绍当天成交的优惠政策。在这期间，由我代表公司向所有的代理商一个个敬酒、敬茶，当然，晚宴中还有精心准备的小游戏，保证来参加晚宴的所有嘉宾都非常开心。酒过三巡以后，正式代理商会反复地感谢我们，已经谈好的代理商受环境的影响也会掏现金，那些意向的代理商更会蠢蠢欲动。经过我们业务员现场一对一地再次沟通、谈判，一般情况下，现场的所有意向代理商都会再次确认代理商意向，60%以上的代理商会现场付了定金。

晚宴结束，我们会在第二天再次发出感谢信，同时，邀请客户再次来摊位复盘，并且告诉客户，我们公司准备了精美的礼品，再次欢迎他的到来。在国外客户回国之前，我们会每天都保持互动，一是关心客户，二是看看客户需要什么帮助，当然，最关键的是，把握客户的动态与行程，等客户回国以后，第一时间推进我们的合作。

线下招代理商，要想保证招商的成功必须事前精心准备各项工作，事中精心设计流程，事后锲而不舍，一鼓作气直至成交。

第八章

外贸品牌营销

第一节 品牌营销就是故事营销

一、销售就是讲故事，品牌营销也是讲故事

（一）客户只会记住品牌故事

销售就是讲故事，人的天性就喜欢听故事，客户喜欢通过故事来思考品牌，而不是通过品牌思考故事。前者是主动的，后者是被动的；前者的客户通常是被故事打动，后者往往需要大量的广告去影响客户。当我们的客户记住了我们的故事，也就引发了共鸣，也就为购买我们的产品埋下了种子。

一个故事成就一个品牌，一个故事就是一个品牌。我们都知道海尔张瑞敏的故事。故事讲的是 1985 年张瑞敏用一柄大锤，砸毁了 76 台有缺陷的冰箱，而当时一台冰箱的价格相当于一名职工两年的收入。张瑞敏这一砸，砸醒了海尔人的质量意识，从此，张瑞敏砸冰箱的故事在全中国传播，大家都知道海尔冰箱是重视品质的好品牌。

好故事，就好比是一个"好病毒"，它可以复制，可以传播，可以抵抗、杀死"坏病毒"。好故事，传播的速度非常快，会给我们的品牌带来正能量，同时，它也是一个好广告，给我们带来流量。

（二）好故事促进成功销售，成功销售造就好故事

一个好的故事，在销售谈判中顶得上千军万马；一个好销售，一定是一个

讲故事的高手。

2019 年 3 月 13 日，我们接待了来自澳大利亚的客户。在谈判期间，客户对于是否采购我们的纳米氢氧除碳机始终摇摆不定，一会儿说别人家的设备不用纳米液，为什么我们的要用纳米液，一会儿又说别人的报价如何低。这时候，我们和客户讲，我们之前的除碳机也是不用纳米液的。但是，在 2014 年7 月，我们访问了墨西哥一位老客户，客户告诉我们，我们的除碳机效果有时候好，有时候不好，他的客户体验不理想。回国以后，我们就组织了专家重点研究，如何提升除碳机的效果和客户的体验度。经过一年多的研发，我们终于研究出来了纳米液，并将纳米液加上氢氧气，同时输入发动机进行除碳，经过反复试验，我们现在的纳米除碳机的效果非常好，客户体验也非常好，受到了全球各地客户的喜欢。我们说完以后，客户就频频点头，很快认同了我们的理念，并且签订了意向订单。

一次成功的销售，就是一个好的故事。"好销售员"背后有非常多的故事可以讲给客户听，以便增强客户的信任感。比如销售冠军的故事，销售员半夜服务客户的故事，销售员成为讲师的故事等。

二、品牌故事的构成

（一）研发故事的撰写

我们来看看 GOCLEAN 这个品牌的研发故事。

GOCLEAN 蒸汽洗车机的诞生过程很神奇。2017 年 10 月 3 日，我开着新车带着家人去郊游，没想到女儿晕车，吐了一路，吐得到处都是。于是我用了各种方法来清洗呕吐物，如手洗配合清洗剂、清香剂，高压水洗等，可是车子一直都没有清洗干净，车内一直有股难闻的异味。

有一天我妻子突发奇想，用自己的蒸脸器来清洗一下车辆，没想到洗干净了，并且效果特别好，车子也没有异味了。考虑到会有很多人有同样的问题，我回到公司后，立即跟工厂的研发团队沟通了自己的想法。3 个月后，用于内饰清洗的 GOCLEAN 蒸汽洗车机横空出世。我第一时间试用了蒸汽洗车机，我发现洗车机水分太多了，不适合内部清洗。于是，研发团队再一次花了将近 4 个月的时间，发明了一个干湿分离的装置，并将其添加到了蒸汽洗车机上，使得 GOCLEAN 成为世界上第一个能够很好地用于汽车内部，包括汽车的引擎、空调、座椅等清洗的蒸汽洗车机。

关于产品的研发故事，我们务必要说得合情合理，如果可以，一定要传达一种精神，或者一种爱。当我们为爱而研发，为使命而研发，为愿景而研发的时候，客户会从故事中感觉到企业的社会责任感，从而引发客户共同的使命感，博得客户的喜欢。

（二）品质故事的撰写

我们先通过一个案例来看看品质故事是怎么样写的。

"瑶珍"，一个致力于生产绿色生态大米的品牌，一个获得了国家"生态原产地产品保护证书"的品牌，被湖南省工商行政管理局认定为"湖南省著名商标"。品牌的创始人蒋珍凤说："瑶珍二字的寓意是瑶族人的珍宝。"

2002 年，蒋珍凤从江华瑶族自治县卷烟厂下岗，来到了华南理工大学岭南生物工程中心学习农业技术推广，她发现家乡的农户辛苦种出来的大米分散售卖，个体规模小且品质不稳定，价格也非常低。她希望绿色生态大米以更好的方式走进千家万户。2003 年，蒋珍凤同她的哥哥成立了以粮食及农副产品收购、加工、销售为主的民营企业——同丰粮食加工厂，即湖南瑶珍粮油有限公司的前身。同丰把农户的产品集中起来，分级处理，按质论价，统一由公司对外销售。

消费者随着生活水平的提高，对米的要求也越来越高。为了提升大米的品质，蒋珍凤决定组建自有种植基地，统一种植管理。她一有时间便去农科院、科技厅进行学习，并邀请相关专家对生产基地进行实地考察，指导生产种植。除此之外，她投资 4 000 万元人民币建立了全智能生产线。采用先进的智能化低温恒温可溯源立筒仓库，低温保存稻谷，不使用药物熏蒸杀虫，让稻谷持久保持鲜美。同时，她成立了专门的品质研发部，从源头开始把控产品的品质，始终将品质作为公司的灵魂与公司紧密连接在一起。功夫不负有心人，湖南瑶珍粮油有限公司终于在 2018 年 12 月被中国绿色食品发展中心批准为第十九批 "全国绿色食品原料（水稻）标准化生产基地"。

我们撰写品质故事的时候，一定要围绕 "品质" 的来龙去脉，有头有尾，让消费者看到故事以后有耳目一新的感觉。

除了研发、品质故事，我们还可以撰写各种各样的其他故事，比如利润故事，客户如何通过代理我们的产品赚到很多钱；再比如服务故事，我们是如何半夜三更倒时差服务客户的等。

三、如何撰写经典的故事

（一）源于生活，高于生活

我们的故事，一定是源于生活又高于生活。撰写故事的关键，还是在于平时的发现、总结以及复盘。这跟我们写日记一样，如果天天写，一定会有收获。但是，这些日记不能成为经典的故事，因为它没有总结与复盘。我们的日记写完以后，一定要有别人来指正，当然最好是专家，因为专家专注于这个领域，他知道日记可以从哪些方面提升。另外，复盘是提升水平的最好方式，一篇好的日记，或者一个好的故事，一定是反复复盘的结晶。

我们的故事撰写，可以采用 "一抄二改三研四发" 的方式，将普通的故事变成经典故事。

"一抄"，请注意，这里的 "抄"，不是抄袭。我们不鼓励任何企业任何人去抄袭别人的故事。我们一定要追求原创，在现实生活中，我们自己就有一堆原创故事。这里的 "抄"，指的是抄写我们内部的故事，我们自己的真实案例。为什么说是抄呢，因为我们平时的案例，一般都是以 "分享" 的形式出现的，都是流水账或者日记，并没有特意去提炼，没办法成为经典故事，但是，这些素材却是我们写故事的经典案例。我们可以从这些故事中，找到我们要提炼的卖点，然后整理成大纲。另外，在 "抄" 之前，我建议企业可以做一个 "故事会" 大赛，发动大家将自己的真实案例以故事的形式表达出来，然后由专人整理成册。

"二改"，就如我们改作业一样，一个是自我修改，一个是老师修改。一篇好的故事，一定是反复修改出来的。就如我们小时候的日记，老师都会将我们的错别字纠正过来，将我们表述不清晰的地方画出来。我们的故事会的"二改"，重点是改大纲，确定故事的逻辑。

"三研"，研究出自己的独特模式，也可以说是进行故事创新。故事的创新是我们的核心工作，因为大众故事实在太多了，已经吸引不了消费者的眼球，很难让消费者记住我们。当我们从原来的故事中，反复修改出一个完整的故事以后，我们就需要对故事进行精心的"打扮"。在故事创新中，我们可以参考"5W1H"的原则，即从原因（何因 Why）、对象（何事 What）、地点（何地 Where）、时间（何时 When）、人员（何人 Who）、方法（何法 How）六个方面来创新我们的故事。同样的故事，发生在儿童身上和发生在成年人身上结果是不一样的；故事发生在白天还是发生在晚上也不一样。

"四发"，发现新的亮点，发展新的特色，发扬新的精神。故事一定要有亮点，才有吸引力，有特色，才能被消费者牢记。在所有的故事中，肯定要体现出一种精神，一种情怀，比如张瑞敏砸冰箱的故事体现的是"品质精神"，褚时健的褚橙体现的是一种"奋斗精神"，等等。

（二）刻意创造，刻意抓取

故事的表现形式有许多种，上面重点介绍的是文字形式。实际上，在现实生活与工作中，图片或者视频形式更能打动我们的客户，尤其是视频方式。

大家知道，客户见证对我们的成交有巨大的促进作用，一个客户现身说法远比 1 000 次推销更有效。在每次培训的时候，我都会问来参加培训的企业家："你们中有多少人会在日常销售过程中使用客户现身说法的视频？"举手者寥寥无几。我又问："你们买东西的时候，会在乎已经买过同类产品的人的感受吗？"回答全部都说会。我又问："你们认为客户现身说法视频能帮助你成交客户吗？"基本大家都说会。好了，既然客户现身说法视频这么重要，这么有效，那我重点来讲一下它具体的制作方法。

首先，你得准备一台摄影机或者摄像机，或者一部高清的手机。如果有条件，我建议你购买专业的摄影机和机架，这样能保证拍摄的效果。如果是展会期间，你还要准备耳麦，因为会场通常声音比较杂。另外，你务必找一个相对安静的地方，如果是公司，建议找一个便于拍摄的地方，可以是会议室，也可以是办公室，场地一定要安静。因为摄像需要，你还要找好拍摄背景，可以是一堵白墙，也可以是自己的产品、公司的 LOGO 等，但是，不建议在杂乱的样品室、车间，防止拍出来的背景效果太差。如果有条件，我建议你在淘宝买一些专业的室内人像补光灯等。如果用手机拍摄的话，我也建议你买一个外置话筒，这样能保证更清晰地收录客户的对话。

万事俱备，只等客户来访。等客户来访的时候，你可以多角度、多场景地拍摄客户见证视频。比如，当客户出机场或者高铁那一瞬间，你送上鲜花，与客户握手、问候，有的客户还会来一个大大的拥抱，双方脸上都洋溢着真诚的微笑，这个画面拍摄出来会很好看。当然，在客户见证的视频中，最重要的还是在公司或者工厂的视频。你需要把客户接待工作做好，然后把场景布置好，当客户满意地验厂完毕以后，你可以让客户配合你拍摄视频。通常第一次来我们工厂的客户，我们的对话都会包括"你是谁？你来自哪里？你是怎么样找到我们的？你来到我们工厂的感受？"等。如果是正式的客户，特别是代理商、经销商客户，我们会问："你对我们的产品品质和服务感受怎么样，你当时为什么选择我们，选择我们的理由是什么，我们的客户服务怎么样"等。把这些对话过程录下来就是很好的客户见证。

在客户见证的视频拍摄中，有非常多的细节可以单独呈现，比如品质、研发、服务等，总之，你想表现什么，你就让客户表达什么，你支持什么，你就引导客户讲什么。另外，在视频中，切忌不要攻击竞争对手，避免不必要的纠纷。

视频录制完成后就交给专业的人去剪辑，最好是能分成多段、多个视频，因为要满足在线发送视频的需要，因为，WhatsApp、Facebook、You-Tube、微信、邮件等发送附件的大小都不同。另外，我们还要有针对性地发送视频，针对不同的人，不同的需求，发送不同的客户见证视频。

第二节　品牌营销就是差异化营销

一、如何打造不同的营销理念

（一）产品的定位不同

先有产品的战略设计，才有产品的定位。产品的定位就是我们的产品与别人的产品有什么不同，也就是我们说的差异化。产品的定位决定了品牌未来的走向，也决定了未来品牌在消费者心中的位置。消费者的脑海就跟我们的房子一样，你住那里了，别人就不能住里面了，一个品牌装在你的脑子里了，你的脑海就容不下其他的品牌。

氢氧除碳机行业，有很多我们的同行，每家公司给自己的定位都不同。有人定位自己的产品是"品质最好"，有人定位是"除碳彻底"，还有人定位为"价格最低"等。但是，我们并没有这样定位自己，我们最初的战略设计是做氢氧除碳机世界第一，所以，我们把产品"HHO"品牌定位为"双重除碳，双重收益"，正是这样的定位，将我们的产品与同行的产品之间拉开了巨大的差距。2015年，全行业的氢氧除碳机出口企业，都只是采用纯氢氧气除碳，只有我们采用的是氢氧气加纳米液除碳。到了2018年，我们发现陆续有国内外的同行在抄袭我们的产品，我们的模式，而且都是打着"双重除碳"的口号在推广。截至2019年3月20日，我们的"HHO"品牌已经成为行业"双重除碳"的第一，因而全行业都在模仿我们。

当竞争对手在模仿我们的时候，我们更加专注于产品的升级，在2019年2月13日，我们收到了国家知识产权局关于"一种新型的汽车发动机氢氧除碳机控制系统及控制方法"的发明专利授权书，进一步提高了产品的专业化水平。

产品的定位就像你身上穿的衣服一样，假如你穿着将军的衣服，士兵看到你就要敬礼；你穿着警察的衣服，小偷就会害怕你。我们给我们的新品牌穿上"漂亮、美丽、舒服"等外衣以后，我们的消费者也会认为我们的品牌就是代表"漂亮、美丽、舒服"，同时，再加上各种事实论证，各种广告宣传推广，效果会非常显著。

（二）为实现定位的努力不同

产品的定位、口号都可以被模仿、抄袭，甚至被超越，但是，唯有品牌的综合实力、综合价值是不能被复制的。

我们需要围绕产品定位，把产品和服务做精做透，才能真正将我们的品牌与同行的品牌差异化，让消费者真正牢记我们产品的价值。首先，研发需要跟定位一致，研发的方向也要围绕定位来做，包含新产品的开发。紧接着，所有的广告宣传，包括邮件，都写上品牌定位的口号，持之以恒，不断地树立自己的品牌形象。时间久了，我们会发现，越来越多的人会记住我们的口号，对我们的品牌形成一个固定的印象。还有一个非常重要的方式，就是在业务员的销售中，我们必须提供全方位的辅助，论证信息，如文字、图片、视频都要围绕定位来做。另外，我之前介绍的客户见证的视频，也特别要针对这个定位做深度的引导。

总之，我们要聚焦品牌的定位，只针对一个点重点突破，就跟打井一样，不断地挖，朝着一米宽，一万米深的方向精进，定位才能真正实现。

二、如何把产品卖得跟别人不一样

（一）卖产品就是卖不同

在销售中，许多的业务员经常会说，"我们的产品比谁家的好，我们的产品比谁家的便宜"等。客户会不会因为这个理由而最终买单呢？答案是不一定。作为业务员，我们不要跟竞争对手比更好，我们要跟竞争对手比不同，只有不同才是唯一的，只有唯一的产品才没有可比性，同样，价格也没有可比性。最关键的是，唯一代表的是独一无二，消费者都喜欢独一无二的，有个性的东西。

一般情况下，大家喜欢在产品的原料、材质上寻找不同，实际上，一个产品最大的不同还是企业的思维理念不同，商业模式、赢利模式等不同。在中国，有一个全国人民都知道的品牌"脑白金"，它的成分和其他保健品的成分没有太大区别，但是因为企业的思维不同，他们直接将"脑白金"变成了送礼的代言词，压根就没有在产品的原料上找不同。

最关键的是，客户的需求不同。不同的产品满足不同客户的需求。比如同样是汽车，我们的销售员通常会把车身的重量拿出来说事，他们会说自己的车子有多么重，意味着钢板厚，车子结实、安全。但是，假如客户是赛车手，这套模式对他是行不通的，赛车手需要的是一辆更轻更快的车子。当我们卖葡萄的时候，假如我们告诉顾客我们的葡萄比别人大、甜，我们的顾客是否就一定会购买呢，答案还是不一定。要是我们碰到的是孕妇呢，孕妇需要的不是更甜的葡萄，孕妇想吃酸葡萄。所以，客户需求不同，也要求我们卖产品的时候，卖不同。

另外，产品的不同可以是话术不同。同样的一个产品，假如你提出了一个新用途，竞争对手没有提，那么消费者会默认为你的产品具有这个用途，别人家的可能没有。同样的产品，不一样的话术，得到的效果也是不一样的。

（二）卖产品就是卖比较

人在社会上，什么都是竞争的，读书排名竞争，晋升业绩资历竞争，投标竞标竞争，人不是在竞争，就是在竞争的路上。我们的产品品牌也是一样，到处充满着竞争。

哪怕是竞争，我们也要卖不同。如果你跟刘翔比跑步，你肯定输得很惨；如果你跟姚明比打篮球，你会输得很惨；如果你跟刘国梁比打乒乓球，你同样会输得很惨；如果你跟我比做外贸品牌，你也不一定能取胜哦。但是，假如你让刘翔跟你比书法，让姚明和你比弹钢琴，让刘国梁与你比唱歌呢，也许你都能打败他们。这就是赛道不同，结果不同，我们不用一样的赛道去竞争，得胜的概率自然就高得多。

有的人可能会喜欢钻牛角尖，非得说，假如，我们非要跟刘翔比跑步，与姚明比打篮球，和刘国梁比打乒乓球，然后，还要超过他们呢。答案是肯定可以的。我们直接等到他们 80 岁那天，不就什么都可以了吗。其实，这也是"偷梁换柱"的不同方法。当我们竞争对手说"儿童"的时候，我们就可以换一个人群，说"成人"；当竞争对手说"白"的好的时候，我们就要想办法，说"黑"的好；当对方强调"快"的好处的时候，我们就强调"慢"的特征。狭路相逢不同者胜，当我们的优势远远不同于对方的优势的时候，消费者的天平就可能会倾向于我们这边。

另外，当我们需要跟同行进行正面竞争的时候，也不要诋毁竞争对手。当我们在诋毁对方的时候，会极大地损害我们的品牌在客户心目中的形象，从而导致客户既不购买同行的产品，也不购买我们的产品。

三、如何塑造产品的不同价值

（一）FABE 法则

F 代表特征（Features）：商品的特质、特性等最基本功能，比如衣服的布料、设计等，也指商品中能看得到、摸得着的东西，这也是一个产品最容易让客户感知的一点。

A 代表由这个特征所产生的优点（Advantages）：即所列的商品特性究竟发挥了什么功能，是要向顾客提供的"购买的理由"，也是我们之前讲的差异化的内容，与同类产品相比较，列出不同点，或者比较优势。

B 代表这一优点能带给顾客的利益（Benefits）：即商品的优势带给客户的好处。客户不关心你的产品是什么，客户只关心你的产品能给他带来什么价值，或者说假如他不买不用的话，对他有什么坏处。利益推销、价值推销已成为推销的主流理念，一切以客户利益为中心，通过强调客户得到的利益、好处激发顾客的购买欲望。

E 代表证据（Evidence）包括技术报告、顾客来信、报刊文章、照片、示范等，通过现场演示，提供相关证明文件、品牌效应来印证刚才的一系列介绍。所有作为"证据"的材料都应该具有足够的客观性、权威性、可靠性和可见证性。

通过产品的 FABE 的介绍，大家就非常清晰产品的价值塑造方式了，下面我以氢氧除碳机为例，分析一下它的 FABE，见表 8 - 1。

表 8 - 1　氢氧除碳机 FABE

Features	Advantages	Benefits	Evidence
314 不锈钢的发生器	耐腐蚀性强，耐用	十年不坏，安全有保障	客户视频见证
不锈钢湿式阻火器	阻火器有水	遇火能灭，安全保证	发明专利证书
纳米液	高新技术产品，专利保证，清洗积碳彻底；保护发动机配件	双重清洗，清洗效果更好	发明专利证书
整机组装精密	故障率低	客户满意度高，售后少	高新技术企业证书
HHO 品牌	大气品牌，国际一流	容易识别，买家放心	美国、西班牙、墨西哥等全球注册商标证书

总之，FABE 法则，已经能够将我们 99% 的产品价值塑造包括在里面了。此外，我们还可以从厂房、团队、客户等方向塑造。也就是说，你能想到的方向，我们都可以以 FABE 的模式表现出来。比如说企业的人也是可以用 FABE 来塑造。我们的员工通常会告诉客户，我们集团公司的老板是黄仁华，他是阿里巴巴集团的讲师，也是阿里巴巴中西部的明星导师，他还是长沙市跨境贸易协会的会长，中国企业家校长汇湖南分会的执行会长（F 特征）。他非常热爱学习，热爱帮助别人，全国各地都有同学朋友资源（A 优点），未来你在中国需要寻找新的产品或者需要任何支持和帮助，他都可以帮到你（B 利益）。然后，展示我的阿里巴巴的荣誉证书等（E 证据）。

（二）把缺点"变成"优点，把优点说到极致

上述的 FABE 法则，也适用于阐述我们的商业模式、赢利模式。只是我们不要局限于自己的"优点"。

我们需要将优点最大化，还需要将缺点变成优点。2017 年 8 月 15 日，我

们工厂来了一位澳大利亚的客户。当业务员带领客户仔细参观我们的工厂，详细地讲解产品以后，客户突然指着氢氧机的发生器说："你们这个焊接点太差，太丑了，我们那里的焊接都非常漂亮。"客户提出这样的问题，我们也是一愣，客户说的完全正确，我们的发生器是手工焊接的，看起来确实不美观。可是，我们思考了一下，马上告诉客户说："我们的焊接的确是手工焊，上面堆满了焊丝，但是，你再仔细看看我们的焊缝，正因为是手工焊，我们多焊了两层，也就是说，我们这个焊接比别人的要厚，要结实。何况，我们的焊接点都在发生器的内壁，这不影响外部美观，而且，你买了我们的氢氧机以后，我们可以保证使用起来绝对安全。"

金无足赤人无完人，当我们面对自己的弱点的时候，应该理智地思考，从不同的角度、不同的方向给客户更好的答案。

第九章

先人后事：如何快速打造外贸品牌运营团队

第一节　打造敏锐市场部的秘密

一、电商部推广团队的组建与绩效考核

（一）电商部运营的目的：利润

作为长沙市跨境贸易协会私董会的教练，我参加了多场关于外贸经营管理问题的讨论；同时，作为中国企业家校长汇"湖湘私董会"的教练，我又组织并主持了多场私董会，我发现每次私董会，企业家都会问一个共同的问题，销售的绩效怎么考核，电商的绩效怎么考核更合理。每次遇到这个问题，我都会以教练的身份，提醒企业家，做绩效不要忘记自己的初衷，不要忘记"以终为始"的原则。

作为市场部下面的一个部门，电商部运营和操作的目的一定要非常的明确。多年来与企业家沟通交流的过程中，我发现大部分的企业家都认为电商部的职责就是拿询盘，只要拿到询盘就算他们的绩效。经过我自己的反复实践证明，只要以"询盘"为绩效核心的电商绩效考核，都是不成熟的、不成功的。下面，我介绍我们公司最新的实战经验，给广大企业家参考借鉴。

首先，我们必须明确对电商运营的考核中心是"业绩"，电商运营的终极目标是"利润"，所有的绩效考核都需要围绕公司的利润来做。也就是说，电商人员操作平台的目的不是为了询盘，而是为了成交客户。以成交为目的，我们的操作人员就会特别重视客户的体验度和对我们的信任度。同时，操作人员在对产品进行描述的时候，也会与销售人员进行认真细致地分析，因为唯有成

交，电商人员才有绩效。

其次，我们必须抓住牛鼻子，即大客户。也就是说，电商的操作人员，不但需要成交客户，而且必须成交大客户，因为一条大鱼等于一千条小鱼。

最后，我们的电商部还要进行品牌的策划。品牌策划、品牌宣传是电商部非常重要的一个职能，我们需要我们的品牌天天出现在各大媒体中心，但是，每天的展示形式要不同，要能吸引不同的客户。

（二）电商部核心运营岗位的构成

电商部的核心工作就是围绕"四固法则"开展的，即固定区域、固定行业、固定关键词、固定花费。固定区域和行业，这个只需要团队调研、确认，然后在后期的过程中关注就可以了。但是，固定关键词和花费，这个是电商部每天的重要工作。我们将关键词确定下来以后，就要围绕关键词来做。

第一种是关键词固定，但是，排名没有靠前。如果是竞争非常激烈的关键词，我们要求至少排名前十名；如果是竞争度一般的，至少排名前五名，普通的词，全部要求排名前三名。

第二种是排名都固定了，但关键词不够。比如我们有 20 个关键词，排名都已经在前三了。那么这个时候，我们就要思考两个问题。一个问题是，我们选的这 20 个关键词的热度够吗？是不是主打产品关键词？另一个问题是，假如选的关键词确实没有问题，那么就是我们的关键词太少了。这种情况相对比较理想，在操作人员经验足够的情况下，增加关键词的数量就行了。

作为电商部的主管，关键工作就是检查关键词以及关键词的排名。我们只要把关键词的质量抓好了，询盘质量就会非常高，客户也就非常优质；我们把关键词的数量抓好了，排名也上去了，询盘就会多，客户也就会多。万变不离其宗，电商操作的重心就是关键词排名和关键词数量。

（三）电商部核心运营岗位的绩效

电商部岗位的绩效考核一定要以结果为导向。

首先，我建议针对每一个岗位都设定一个"新增业绩"或者"新增利润"

的金额，这个金额可以根据公司的历史数据调整，如果没有历史数据，我们就试行 3 个月以后，根据数据再调整。

其次，我建议设置"询盘增长率"或者"询盘增长个数"。绩效一定要有基础才好评判，这也是为什么我们要有"试行期"的原因。询盘增长率可以参考上个月的、上个季度的数据，然后设定目标。请注意，为了防止操作人员为了绩效达标而盲目增加询盘数量，切记还是要用"四固法则"，不能抛开四固法则谈绩效。在询盘增长这个绩效栏目，作为企业负责人，我们一定要清楚地认识到，询盘是不可能无止境增长的，但是，目前中国大部分的行业、大部分的公司，询盘都是可以不断增长的，退一步说，至少连续增长几年是没有问题的。请我们企业家和操作者都要明白，方法总比困难多，条条大道通罗马，没有不能增长询盘的平台，只有不能增长询盘的人。

最后，我建议电商的绩效要增加一个"询盘成本下降率"，请注意，这里千万不要用"询盘成本下降金额"，因为我们需要根据公司的业务调整平台费用。另外，在这个绩效指标上面，我不建议面向新开的平台，或者说没有太多数据的平台，假如碰到这样的平台，我的建议是，前期给一个相对合理的成本数字，包括成本降低的比率，然后采取递减式的方式执行。比如最开始，要求成本在 100 元一个，正负 30%；接着，要求成本为 200 元一个，但是，正负 20%、10%、5% 等。

请注意，在电商人员的绩效考核前期，一定要给足"试行期"，我的建议是，第一次做绩效考核的话，可以采取双规机制，比如让操作人员一部分不拿绩效，底薪相同，一部分拿绩效，底薪不同。月底核算一下，哪个收入高，工资就发哪个，这样的话，操作人员会非常乐意接受，因为这样，他们不但收入高了，也能倒逼自己提升技能技巧。

二、市场调查团队的工作方向和内容

（一）市场调查的工作内容

大部分外贸企业都是从纯销售开始做起，然后慢慢将业务做大做强，随后才成立市场部，并将市场部逐渐分离出来作为独立的部门运营。一般销售人员认为销售才是业务的第一步，其实这种观念是错误的。市场部才是业务的第一环，也是最重要的一环，因为市场调查是方向问题，销售是执行问题。没有做市场调查的销售，就是无的放矢，到处碰壁；有做市场调查的销售，就跟有导航仪一样，如鱼得水，进退自如。

市场部调查的方向，应该结合公司的产品战略、客户战略定。市场是变化的，我们的调查也要跟着变。

之前我介绍了市场调查的内容：市场、客户、对手和自己。市场情况可以通过一系列的走访，调查得知；客户也可以通过问卷调查、私访、电话等方式调查；对手这里相对较难，但是，我们也可以通过亲朋好友去打探；自己可以根据 FABE 的法则去认知并灵活调整，也可以让研发部门提前布局。

（二）市场调查的工作方向

每一个打造新品牌的企业，员工都是身兼数职，关于市场调查人员我的建议是：一人为主，其他为辅；一人调查，全员配合。

我们要根据市场调查工作的内容制定市场调查人员的岗位职责，同时，制定市场调查人员的待遇。依据企业的实际情况，我们可以增设福利。要想做好市场调查报告，不是一件简单的事情，需要这个调查人非常用心，所以，企业在这个报告上面不能吝啬自己的奖励。当公布制度以后，全员可以"竞聘"上岗。最后，通过全员选举的方式，得出第一任市场调查报告员，我们公司称之为"品牌经理"。

选举完毕，我们应该以公司的名义，颁发委任状以及荣誉证书，表示重视。另外，请注意，市场调查是一个综合的工作，需要对整个市场、客户、对手、自己做全方位的调研，这就需要大家共同配合。比如销售部有客户反馈意见，要第一时间抄送给品牌经理，我们在生活工作中有任何关于品牌的信息，都要第一时间反馈给品牌经理等。

专职品牌经理，会不定期地找不同部门的人沟通、接洽，让大家汇总市场信息，同时，我们会在每个星期的主管周例会进行简单的汇报，然后由品牌经理汇总成一张 PDF 格式的市场调查报告，抄送给所有的销售人员。另外，为了鼓励品牌经理的积极性，我们还进行了市场报告竞赛。我们在每个月的品牌启动会现场，会由品牌经理进行详细的 PPT 讲解，给大家介绍市场情况。然后，以不记名现场投票的形式选出讲解最好的品牌经理，票数最高者，获得当月的"智多星"奖，由公司颁发证书及奖励。

第二节　打造百年品牌的销售机制

一、OEM、ODM 向品牌的转变

（一）业绩治百病，品牌治终身

新品牌的竞争，除了产品研发、品质、文化、团队等的竞争之外，还有一个最重要的事情，那就是团队的信心和信念的竞争。我们在新品牌刚起步的时候，让团队相信品牌，那是很难的一件事，尤其是那些之前专门从事 OEM、ODM 工作的员工。从贴牌到品牌，本来就需要强大的内心，强悍的执行力。那么手上握有原来贴牌客户的业务员，他们一心只想做回原来的贴牌，因为他们认为贴牌简单。殊不知，贴牌是因为做得时间久，行业经验多，客户积累多，所以才相对容易。

2013 年 11 月，我们的团队从原来的 OEM 贴牌向品牌转变。起初，我们的团队压根就不相信自己的品牌，他们表面心静如水，内心却惶惶不安，跟客户打电话不自信，跟客户聊天不自信，在几个月的品牌转型期中，业务员还是主要做 OEM 的订单。后来，我们下决心，将公司的贴牌业务一刀切，不再接受任何的贴牌订单，只做"HHO"品牌。结果大家硬着头皮上，过了两个月以后，终于接到了第一个新加坡的订单，业务员这才开始相信，我们的自主品牌国外的客户也是可以接受的，而且可以接受高价的设备。接着，公司所有人员开始认真研究产品，研究对策，又签订了第一个国家代理：墨西哥。当业务员签订国家代理协议那刻起，全公司沸腾了，业务员终于找到了自信，我们的产品是可以被国外客户认可，并且签订国家代理的。紧接着，业务员开始学会"自吹自擂"，碰到客户都会非常自信地说，我们签订了墨西哥的国家代理，客户公司如何大、如何好，产品如何受欢迎等。经过大家不懈的努力，我们又陆续签订了韩国、西班牙等国家的代理，这个时候，我们的团队自信、品牌自信陡然增强。

当我们做新品牌的时候，团队历尽千辛万苦，签订第一个客户，第一个代理以后，才会感受到一点点信心，这时候，团队还处于"盲目自信"阶段。当我们签订第二个代理客户的时候，团队才真正找到自信，之前所有的问题都迎刃而解。业绩治百病，有业绩才会有信心。

十年树木，百年树人；百年企业，百年品牌。每个十年、二十年、百年品牌的背后，都需要我们无数人的努力。我们唯有树立百年品牌的决心，才能铸就百年企业的辉煌。

（二）实事求是与坚持不懈，品牌才能持久

一个企业，成也品牌，败也品牌。比如三鹿奶粉，因为三聚氰胺的影响，董事长坐牢，品牌也被搞垮了。所以，在我们做品牌的时候，不能有任何的侥幸心理，我们的原料、工艺、生产、销售、客服等都必须秉着客户第一的方针，扎扎实实地将我们的基础打好。

在销售中，我们一定要注意不要夸大产品的优点。请注意，我之前建议的是将产品的卖点最大化。实事求是是做长久生意的准则，任何国家的客户都希望自己的谈判对象是诚实的。反之，一旦我们被客户打上不诚实的标签，就是十头牛也拉不回客户。

另外，做销售的业务员不能做一次性业务。在我买第一套房子、第一辆车子、第一部手机时，跟我打交道的所有销售员，迄今为止，从来没有再联系过我，更没有发过任何祝福信息。是不是我不再需要这些东西呢？答案恰恰相反，我又找第二个人买了第二套房、第二辆车、第二部手机，很奇怪的

是，这些人至今为止也从未再主动联系我。

销售是一份坚持不懈的工作，今天找你买冰箱的人，他或许明天还会找你买，或者推荐他的朋友买；今天找你买手机的人，明天、一年后、十年后都有可能继续找你买手机。品牌也是如此，当顾客选择了我们的品牌，我们就要不断地与客户保持互动，让客户成为我们的终身客户，终身复购。

二、品牌销售的技能培训机制

（一）绝对相信公司、绝对相信产品、绝对相信自己

我们公司销售的三句口头禅"绝对相信公司、绝对相信产品、绝对相信自己"，离开了这三个绝对，你绝对卖不出去任何产品。

为什么说要绝对相信公司、产品、自己呢？因为在品牌销售的过程中，客户看中的是这个品牌以及品牌背后的产品。品牌意味着有公司的背书，客户会把品牌与公司实力挂钩，也就是说，假如客户不相信公司，也就不会相信产品品牌。所以，我们的业务员要非常熟悉公司的文化，包括公司硬件和软件。当然，产品作为客户最关心的内容，一样要有吸引力和竞争力，如果我们的业务员不能以绝对自信的姿态去推介产品，哪怕是你说一句不自信的话，都可能让客户打退堂鼓。最后是绝对相信自己，一个对自己都不够信任，连自己都无法打动的人，如何去打动客户？更何况是把东西卖出去，把钱收回来。

绝对相信公司，需要业务员融入公司的文化，同时，真正践行公司的文化，言传身教，让客户感受到你是真的喜欢这家公司，热爱这家公司，并且在用行动捍卫这家公司的文化。绝对相信产品，需要业务员自己体验产品，把产品当成自己的宝贝，把产品当成自己的儿女般喜欢，用心去研究它，爱自己的产品。绝对相信自己，需要我们的业务员精通外贸知识、行业知识、产品知识，再加上我们的努力，订单自然就来了。订单来了，自信也就来了。

（二）熟读宝典三百遍，不会生产也会销

在我们公司还有一句俗语，叫作"宝典在手，天下我有"。这里的宝典

是指由我们公司 5 位销售经理花了 3 个月的时间汇编而成的外贸销售手册，里面包含了公司介绍、行业知识、产品知识、业务知识、成交流程等，也包括了我们月度、季度的通关知识，这些通关技巧都是采用"以考代学"的模式，让我们业务员来主动学习的。确切地说，谁拿到了这本宝典，就可以由小学一年级的外贸水平，直接变成大学一年级的外贸水平。为什么宝典对业务员这么重要呢？因为里面的知识都是汇编的，比如说，为了汇编"电话营销"的内容，我们从网上将所有有关电话营销的书籍买回来，然后一起研究，并请公司电话营销最厉害的人进行实战演习，然后再总结经验，得出一套适合自己公司、自己产品的话术模版复制到宝典上。

为了将我们的业务技能提升，我们建立了独立的"中榜商学院"，公司所有的培训，都由中榜商学院来执行，我们是一套班子，两套牌子。我既是中榜集团公司的董事长，又是中榜商学院的校长，下面设有执行校长、副校长、老师。在日常销售培训中，我们会在每天的晨会安排各团队自行学习产品知识、行业知识 5 分钟，夕会，各团队再学习 5 分钟。另外，我们每个星期三下班以后 45 分钟是我们公司举办的"中榜大讲堂"，前期由我主讲了 6 个多月。我们公司有一位业务员李纯，因为热爱学习，被我们聘为"中榜读书会"的会长，负责公司每个月的读书会。在这个读书会上，我们全公司共读一本书，然后大家互相分享并做出行动计划表。我们还有月度启动会，公司集中培训 2 小时；季度通关会，绩效达标者现场笔试、模拟考试，然后再点评，再通关。商场如战场，我们的销售人员就应该这样不断地强化自己的技能，提升自己的综合素养。

三、品牌销售如何内部树标杆，外部立榜样

（一）品牌销售的第一关：信心之战

品牌销售的核心，就是立标杆、树榜样，我们必须在企业内部树立销售标杆、服务标杆，同时，还要在外部树立我们的客户榜样。所有业务员的第一关就是信心之战。根据我们公司外贸品牌的销售经验，业务员在销售中，一定要

注意以下几个信心阶段。

第一个信心阶段是入职的第一个星期，这个阶段，务必让业务员尽快融入团队，融入企业文化，同时，也要让业务员对产品充满信心。在这个过程中，直接领导者是业务员的引路人，新人有没有信心，全靠直接领导者的辅导和指引。

第二个信心阶段是入职第一个月，这个阶段我们最紧急最重要的任务是让业务员熟悉产品、精通产品。人只有对一样东西熟悉，他才能对答如流，做起业务来，才会感到自信。我的建议还是采用"以考代学"的模式，逼我们的新人成长。

第三个信心阶段是品牌销售第一单，业务员在对产品全面了解以后，就要进入客户的积累、谈判阶段。师傅领进门，修行靠个人，能不能谈判成功，拿下客户，主要是靠自己的努力和思考。人的自信是喊不出来的，没有出单，就不自信；反之，只要出单，人就有自信。

第四个信心阶段是成交品牌第一个国家代理。当成交了第一个客户以后，我们希望还有第二个出现，尤其是希望找到品牌的国家代理或城市代理。一旦自己接二连三地拿下一个又一个客户以后，这个业务员才能真正自信。

（二）品牌销售的第二关：代理之战与希望之战

业务员销售产品最怕的是没有业绩；外贸品牌产品的销售中，最怕的是没有代理。品牌代理商、经销商是我们内部树标杆，外部立榜样的最佳案例。

外贸品牌产品的销售方式跟 OEM、ODM 的产品有一定的区别。以前 OEM 的客户，我们帮助他做了贴牌以后，需要继续保持价格优势，否则，客户有可能跑竞争对手那里去采购。品牌的客户，尤其是代理商、经销商，他们一旦选定我们的品牌以后，就需要付出巨大的人力、财力、物力去推广这个品牌，将品牌的知名度在当地市场打开。这个时候，代理商没有选择的余地，他只能跟我们合作。

外贸品牌的销售突破了第一单以后，重点就是签订一个国家代理商或者城市代理商。关于代理商的培训，除了之前的常规产品、行业培训之外，我们还需要就以下几个重点知识给业务员做培训。

第一个是关于代理商与品牌商的关系。代理商并不是我们的终端用户，我们和代理商是鱼水关系，互惠互利。我们在跟代理商谈判的时候，还要共同探讨未来的市场、终端客户问题。第二个是关于市场规划以及战略设计的问题。我们要针对代理商的市场共同调研，调研市场、产品、同行，我们还要针对市场拟定详细的作战计划。第三个是关于我们对代理商的支持和政策。这些内容是代理商非常关心的，包括他们的权益和责任，也包括品牌商提供的服务和支持等。第四个培训是，我们一定要帮代理商做时间规划，比如什么时候开始付款，什么时候开始调研，什么时候开始批量销售等都要落实到具体的时间，这就相当于日志表，合作以后，代理商对号入座即可。

当业务员签订了一个国家代理之后，他的心就彻底安定了，业务员对品牌的信心才算是真正的建立了。当然，要想让业务员持续地保持信心，还有一个工作非常重要，那就是客户返单，这也是我们的希望之战。只有强大的品牌支撑力，以及市场、销售、客服的共同努力，才能让我们的客户持续返单，不断复购。

第三节　打造专业客服部的方法

一、品牌终身用户为中心的岗位要求

（一）客服部的组成和岗位建议

我们知道，每一个新客户的开发代价都是极大的，而公司80%的利润都是来源于老客户，所以，传统的外贸公司组建客服部刻不容缓。

根据客服部的要求，外贸品牌的销售中，通常分为以下两种情况：

第一种是纯贸易公司。单纯贸易公司的客服，通常要包括船务跟单、业务跟单两个岗位。船务跟单负责与客户沟通海关报关、单据等问题，业务跟单负责产品的生产、印刷、包装等问题。这两个岗位，可以根据公司资源，前期可以为一人，配合销售员，相当于一个客户同时有 2～3 个人在长期服务。一般的贸易公司，客服部不会储备专业的技术人员。一旦需要有专业的技术方面的客户服务时，我们需要第一时间与工厂沟通。

第二种是工贸一体公司。工贸一体的公司，因为有生产研发等岗位，客服部涉及的岗位更多。通常我的建议是除了船务跟单、业务跟单之外，还要有技术客服。比如我们做氢氧机的工厂，客户收到货以后，公司客服部都要第一时间进行技术支持。我的建议是客服部的技术客服人员，一定要将服务前置，就是说，在客户还没有跟我们签订代理合同之前，就参与到谈判中，辅助销售人员拿下订单。事实证明，这招是非常实用的谈判方法。

作为客服部的一员，你要特别注意以下几点。首先最重要的是回复及时。第一时间响应客户的要求是客服部所有工作人员的第一责任。这好比我们买了一台电脑，它突然黑屏了，我们会第一时间找客服，想知道问题出在哪儿。当然，我们更想知道怎么样让电脑恢复正常，哪怕不能恢复正常，也希望得到客服的确认。其次是专业，专注才能专业，专业就能让人心悦诚服，专业才能获得客户的认同。还有一个是耐心和细心，客户找客服的时候，大部分都是遇到了问题，客户有问题的时候，通常语言语气会差一些，这个时候，客服人员一定要不厌其烦，真正地视客户为上帝。最后客服人员一定要有爱心，世间唯有爱，才能提供好的服务，唯有爱，才能打动、征服客户。

（二）二八定律：20% 的客户创造 80% 的利润

二八定律告诉我们，企业 20% 的员工，创造 80% 的业绩，20% 的客户创造 80% 的利润。根据我们使用的客户管理系统显示，我们公司目前有"正式客户"601 个，这里列为正式客户的都是已经签合同付款的客户。以我们目前的客服部的配置，我们还需要增加 5～10 个人，才能服务好这些客户。我们如何以一种更好、更合理的方式来服务这些客户呢，那就是二八定律。

首先，我们的客服部需要对全公司的客户进行梳理，将每一个客户历年来的营业总额、营业利润按照从大到小的顺序排名。当我们把两份表格打印出来以后，我们就会清晰地知道，哪些客户是我们的大客户，也就是那20%里面的客户。同时，我们还会将产品的数据分门别类地统计出来，我们会分析哪个品牌，在哪个区域卖得好，哪个品牌，在哪个时间段卖得好。当然，实际上，客服部的工作人员也知道哪个业务员的销售做得好，利润高。

另外，当我们分析出大客户以后，客服部就要针对大客户做服务升级方案。一种大客户是销售额高，但是利润不太高的客户，针对这些客户，客服部要引导客户用利润高的产品替代利润低的产品。另外一种是销售额不高，但是，利润高，这类客户，客服部需要给他们提供更多的市场支持，帮助他们加大市场占有率，增加销量。最后还有一种大客户是我们的种子客户，这类客户，通常需要客服部的人员花时间研究他们，研究他们的公司、行业、人员、市场情况，综合给他们打分，这就好比是养鱼，客服部需要将这些正式客户当大鲸鱼一样养着。

我们要为品牌的终身用户提供终身服务，只有服务好我们的客户，我们才会有未来；只有让客户满意了，我们才能真正获得终身用户。

二、品牌终身用户系统的组合方案

（一）一把手工程

客服部作为企业的命根子，一定是一把手工程。企业家再忙，也要关注两个问题：一个是人的问题：员工；还有一个就是事的问题：服务客户，确切地说，是服务正式客户。作为采购方，所有的人都希望与品牌方的顶层打交道。首先，这是因为人的心理暗示，所有的人都会认为，谈价格跟老板谈，那肯定就是最低价格，那样的话，他不会吃亏。其次，每一个人都希望得到尊重，如果做一个品牌代理，能得到公司老板的重视，未来的合作会更好。综合来看，客服作为一把手工程，建议提供以下几个服务：

（1）一定有节日问候。客服部可以将所有国家的主要节假日列出来，发给每一个客服人员，并且针对客户的国籍，当天发送节日祝福，祝福可以是邮件，也可以是在线形式。针对大客户，我们的一把手也要发送祝福信息，或者是电话祝贺。

（2）每年过"两节"，父亲节和母亲节。不管国外客户是什么信仰，他们都爱自己的父母，都希望父母平安幸福。请注意，每个国家的父亲节和母亲节的日期是不一样的，但是，不管是参照哪个国家的日期，如果你能坚持十年如一日地发送父亲节和母亲节的祝福，我相信，就是一个木头人都会被你感动。

（3）每年过新年。每个国家都有自己的新年，我们需要提前将新年礼物快递给客户。

（4）每年有令人感动的礼物，用心带来感动，比如一本走心的画册。

（二）多部门同时服务客户

都说礼多人不怪，客户服务也是一样，如果一个客户，能有多个人为他服务，他也会感到自己是被人尊重的。

在国外正式客户的服务上，我的建议是，三人为主，其他人为辅；客服部为主，其他部门为辅。这里的三人，一个是业务员，负责跟客户沟通单价、订单等；一个是客服人员，负责业务订单的后续跟进、解决客户问题等；最后一个是老板，负责平时的嘘寒问暖，重点是关心客户以及关键时刻给予客户支持。

我们公司的客户服务配合是这样做的。

首先在与客户谈判时，我们会请客服部人员加入，我们的技术人员也会加入谈判，意思是告诉客户，他买了我们的产品以后，不用担心售后客服问题。当谈妥订单以后，我们会请一把手在合同上签字，间接告诉客户，这个合同我们老板很重视，同意我们的合作。接着，财务部人员会将正式的财务通知以邮件的形式发给客户，这其实是在间接地催款。等收到客户的定金以后，我们的船务跟单、业务跟单会及时地与客户保持沟通，并且与客户的跟单人员无缝对接。在订单生产期间，我们还会将订单的最新情况以文字、图片、视频的方式发给客户，让客户放心。

当货物出运，客户顺利收到货物以后，我们的客服人员会第一时间与客户接洽产品使用的具体时间，并且提示客户需要提前准备哪些物资等。同时，我们会以总经理的名义发送邮件给客户，再三告诉客户，如果他有任何疑问和需要，随时与总经理或者客服联系，我们会第一时间答复。最后，我们会将客户的问题及需求，记录在客户管理系统的客户名下，以供以后随时查阅。

　　总之，客户的事情就是我们的事情，客户的问题，就是我们的问题。不管是业务员还是客服人员，在工作上要对客户十分的认真，在生活上要十分的真诚。

第十章

如何打造
百年品牌和终身用户

第一节　企业的用户思维

一、用户的需求是我们的创新方向

（一）满足客户的需求是不变的宗旨

不管市场如何变化，竞争对手如何改变，只要抓住客户的需求，我们就能先人一步，胜券在握。

根据我们的实践调查，卖家对买家需求的理解是买家第一次接触新卖家时最关注的点，以百分比形容，这一点占50%；卖家回复问题的及时性占30%；供应商人员语言以及沟通能力占20%。这再次说明，解决买家需求的问题，是我们品牌供应商不懈追求的目标，满足客户的需求是我们不变的宗旨。以下是我们客户需求的几个方向，供大家参考。

（1）企业内部的目标需求，比如开辟某个新市场。某些代理，之前代理了一个省，来年可能想做另外一个省的代理。还有一些客户，原来老的业务和产品已经不能满足企业的发展，也在寻找新行业、新产品。

（2）政策和宏观环境的影响。中美贸易战、中日口水战等，都有可能影响一个行业。还有来自环保、气候、法律等政策的变化，也会对行业产品造成重大的影响。

（3）竞争对手的影响。行业竞争加剧，客户希望自己代理的产品品牌采用的是最新的技术、最好的产品，至少要胜过隔壁家的竞争对手。

（4）客户的供应商、客户的客户的影响。

（5）新技术和新商业模式。

（二）超出客户的需求是努力的方向：更好，更快，更省，更美

我们的销售宝典首页有一行字"客户要的不是便宜，要的是感到占了便宜"。我们要想让客户感到占了便宜，就要从"多、快、好、省"四个方面去思考。

多，意味着价值多。中国最近几年出来了一个最新模式"免费模式"。2018 年 5 月 6 日，我的一位朋友，专门经营"巴马活泉"的矿泉水，我给他 1 万块，存在他们那里 1 年，他给了我价值一万的免费矿泉水。我花了 1 万元的押金，得到了价值 1 万元的矿泉水，我的朋友得到的是现金 1 万元，无息免费使用一年。在这个过程中，假如我将 1 万元存入银行，根据 2015 年 10 月 24 日中国银行官网显示"人民币存款利率表"，整存整取一年的利率为：1.75%，也就是说，我能获得 175 元的利息。"巴马活泉"却给了我价值 1 万元的东西，而且一年以后退还给我，这就是"多"。

快，美团外卖，随叫随到；滴滴出行，随叫随到；顺丰快递，今日寄，明日到等，这些都是属于超出客户的需求，以"快"来吸引客户。

好，价格好，服务好。这里的价格好，不一定就是指价格低，我们需要做的是超出客户的需求，超出客户的期望。比如客户要买我们的一台设备，本来按照市场的行情，需要花 1 万元，但是，最后却只花了 8 000 元，那么对于客户来说，这就是好。

省，省时、省力、省心。最近两年，中国出了一个非常有名的企业"拼多多"，它在中国的二三线城市，特别火热。我的一位朋友告诉我说，他们公司搬新办公室，担心气味比较重，所以，在拼多多平台"拼"了吊篮，他花了人民币 40 元，买到了 8 盆吊篮，还包邮送货上门，这相当于 5 元一盆。刚开始，他担心是不是吊篮有烂的、小的，结果，收到货以后，发现吊篮都还挺不错的。他觉得特别省钱，因为同等质量的吊篮在花卉市场至少要 12 元一盆。这就是省钱的一种方式。

二、如何引领客户的需求

（一）引领客户的需求是革命

满足客户需求是基本，超出客户需求是惊喜，引领客户需求是革命。

2007 年 1 月 9 日，美国苹果公司首席执行官史蒂夫·乔布斯发布了搭载苹果公司研发的 iOS 操作系统的第一代 iPhone 智能手机。接着，苹果公司陆续发布了第二代、第三代，直至 2010 年 6 月 8 日，苹果公司在美国 Moscone West 会展中心举行的苹果全球开发者大会正式发布了 iPhone4。2010 年 9 月 20 日，中国联通宣布将于 2010 年 9 月 25 日 9 时在中国大陆市场全面推出 iPhone4，用户可以选择不同档的合约计划购买绑定了联通 3G 服务的 iPhone4。同时，苹果也宣布同日开始销售 iPhone4 裸机，用户可自行选择运营商。这款号称苹果有史以来最成功的产品被联通给予了厚望，iPhone4 创下全球上市 3 日销售 170 万台的纪录，从此 iPhone 在中国开始畅销。

当我们还在使用 iPhone4 的时候，苹果公司早就准备好了 iPhone5，iPhone6 等，每当苹果公司发布新品的时候，人们彻夜排队抢购，这就是引领客户需求带来的革命。

引领客户需求，意味着未卜先知，也意味着，你先人一步，你是在创造需求。引领客户需求，不是客户需要什么，你就卖他什么，而是你有什么，就让他需要什么。

（二）客户的需求靠引导

2008 年 10 月，我们进入了硅酮密封胶出口行业，这个行业中大部分产品的出口都是以国外贴牌为主，自主品牌的出口额极少。2017 年 12 月 27 日，我们开启了合伙人项目，创立了一个全新的品牌"Kastar"美缝胶。我们通过市场调查得知，这个品类的产品在世界各大电商平台都非常少，在国外的市场中，更是闻所未闻。经过系统的策划和周密的安排，我们发布了"Kastar"的品牌，并且让"Kastar"代言美缝胶在全球进行宣传推广。"Kastar"作为一个全新的品牌，在国外的知名度为零，同时，美缝胶这个品类在国外客户的认知中也是为零。在以往的瓷砖填缝中，大部分消费者、施工方都是采用水泥灰的填补方式，因为这种原料非常便宜，但是，施工比较麻烦，而且不耐脏不耐油污。为了打开国际市场，我们拟定了"Kastar美缝胶，三十年不发霉"的广告语，并将广告投入到了各大推广平台，让Kastar品牌代言了美缝胶，也让美缝胶代言了Kastar。

经过一年多的宣传推广，以及业务员的大力开发，Kastar品牌在2018年取得了非常好的成绩，我们陆续在全球各大国家和地区签订了多个城市代理，同时，我们还签订了斯里兰卡、澳大利亚、南非、印度、尼日利亚的国家代理，为我们新品牌的市场开发，奠定了坚实的基础。

我们在引领客户需求的时候，用得最多的方法就是诱惑与威胁。简单来说，就是阐述与描绘产品用与不用的利弊，用得好，会给客户带来什么样的惊喜，用得不好或者不用，客户会有什么巨大的损失。

第二节　企业的学习和创新机制

一、企业不断学习才能让品牌走更远

（一）品牌的成功带动企业成功

成功一时的品牌，会造就企业一时的成就；成功一代的品牌，会造就企业一代的辉煌。品牌，一旦碰上了好时代，赶上了好时机，你稍微努力点，也许就成功了。但是，如果你想让这个品牌一直保持成功，比如成为行业第一名，那么就需要学习，持续不断地学习。条条大道通罗马，但是，离开了学习，任何一个企业，任何一个人都不可能长久成功。

纵观全中国，放眼全世界，每一个成功的企业、品牌的背后，都有学习的身影。华为，这么强大，这么优秀的企业，依然在学习。1995 年，华为花费 20 亿元人民币，邀请 IBM 顾问团进驻华为，开启了 5 年的管理变革学习之路。我们来看看中国大企业的商学院，就知道为什么这些公司这么强大了。阿里巴巴，有"淘宝大学"和"湖畔大学"；腾讯，有腾讯大学；格力，有格力学院；海尔，有海尔大学等。以湖南的标杆企业为例，雪宝建材（板材），有"雪宝商学院"；佳兴世尊酒店（五星级酒店），有"佳兴商学院"；中榜集团（外贸），有"中榜商学院"等。每一个企业的"大学"和"商学院"的背后，都有无数人在默默地学习、分享、总结，也正是这些人不断地学习与成长，才能成就企业的利润增长、人才增长、基业长青。

我们书中列举的案例中的每一位企业家都是孜孜不倦的学习者。在企业中，他们是董事长；在商学院中，他们是校长；在课堂上，他们是学生；在生活中，他们是智者。企业和企业家失败，都有一个共同的原因，不学习与乱学习；企业和企业家成功，也都有一个共同的原因，爱学习与会学习。

（二）市场不断变化，企业需要学习来应对变化

客户在变，市场在变，对手在变，我们也要变。想要跟上时代的节奏，唯有学习才是唯一的方法。企业家要学习，员工更要学习；新员工要学习，老员工也要学习；公司要学习，家里也要学习。

2016 年 7 月，我在公司发起读书会，要求每一位员工每个月共同读一本书，并在每月的 16 日集中分享，而且要求每一位员工当场写下行动计划表。读书会已经举办近三年了，每个月雷打不动，大家也由要我学，变成了我要学。2017 年 12 月 26 日，我又在长沙市跨境贸易协会发起成立了"读书会"，我们协会的老板自愿加入这个组织。我们每两个月共同看一本书，并在长沙的月湖公园举行读书分享会，大家会分享阅读的心得，并且根据自己的公司做出行动计划表。另外，我们还会不定期请书的作者，或者行业大咖给我们做主题演讲。截至 2019 年 3 月，协会已经有几十家企业陆续成立了读书会，大家的学习积极性越来越高，收获越来越大。

关于学习，经过我们近 3 年的经验总结，我建议：

（1）员工的学习是被迫的，第一次的读书会，我们必须按制度执行，未读未画者，一律惩罚；第二次读书会，依然是严字当头，不管是任何职位、任何人，都一视同仁，假如是董事长没有看，那也要罚，正常情况下，如果第一次有人受罚了，第二次基本不会有人受罚。大家习惯了，也就遵守规定了。

（2）学习内容首选实用、实战。员工的岗位不同，级别不同，但是，学习都是相通的，每一个人都希望自己学习到的内容是实用的，可以实战的。假如是读书会，最开始的书籍选择，一定选看了就能用的书籍，而不是那些鸡汤书籍。

（3）学习后要改变自己的行为，没有改变等于白学。所以，行动计划表的落实是每次读书会的开端。我们必须保证每一位读者，通过学习改变了自己的思想，改变了自己的行为，最后改变了自己的结果。

二、企业不断创新让品牌做更强

（一）创新是品牌做强做大的动力

人没有创新，就没有活力；品牌没有创新，就没有市场；企业没有创新，就没有未来。

2019 年 3 月 13 日新浪财经新闻显示，宝洁集团发布声明称，因成本和管理需求上升，加上成交量低，已要求将其股票从巴黎泛欧证券交易所除牌，宝洁公司在该交易所的证券交易将于 2019 年 4 月 4 日起从法国欧洲清算所中删除，宝洁股票将集中在纽交所交易。宝洁作为昔日的巨头，旗下拥有潘婷、海飞丝、飘柔、舒肤佳、佳洁士、汰渍等知名品牌，但是，令人惋惜的是，2013 年至 2018 年的公开数据显示，宝洁公司的净销售额都在下降。为什么宝洁的业绩往下降？究其原因，还是缺乏创新精神，害怕失去过去的辉煌。

大公司，大品牌，做大做强后，企业的创新会越来越难，遇到的阻力也会越来越大，因为你会发现，创新的最大拦路虎就是企业的那些元老，也是企业的最大利益既得者。柯达，一个全球第一的品牌，也是因为缺乏创新精神，而功亏一篑。数码相机实际上首先是柯达公司发明的，但是，他们害怕创新，尤其是原来柯达胶卷的那些既得利益者，他们害怕失去胶卷的市场和客户，于是，公司从上到下将数码相机的发明捂起来，最终错失良机，被数码相机打得一败涂地。

大公司不创新，会失败；小公司不创新，没活路。创新是我们生存的法则，创新是我们企业亘古不变的真理。

（二）大创新带来大品牌

小创新，创造小品牌，大创新，创造大品牌。淘宝和天猫模式的出现，再加上一个阿里云，造就了阿里巴巴集团的强大；iPhone 的诞生，让美国苹果公司变成行业领袖；QQ 和微信的出现，改变了中国两代人，也奠定了腾讯的社交霸主地位等。我所知道的企业它们之所以成名，都是因为创新。有的是产品创新，有的是思维创新，有的是管理创新，有的是商业模式创新，总之，创新才能创造品牌。

为了更好地鼓励全员创新，实施贯彻创新精神，企业需要制定详细的创新机制。首先，一定是鼓励全员创新，建立完善的创新机制、研发机制、鼓励机制等，任何岗位，任何级别的人都可以创新，都可以给企业带来奇迹。谷歌成为全球最大的互联网搜索引擎公司，只不过是几个非"专业岗位"的工程师的无心之举，因为他们在互联网上用自己的关键词搜索不到自己想要的东西，所以，这几个"无聊"的工程师，就将后台设计制作成了当今的"P4P"，让谷歌成为互联网行业的巨头。其次，我们的机制一定是一把手工程，必须是董事长亲自抓。公司的二把手都不行，因为在创新这个点上，创新的模式实现的周期都比较长，风险相对比较大，二把手会因为目前的利益，而舍弃未来更大的收益。最后，我们的创新机制一定要鼓励应用，应用为王。我们从应用中得到成长，同时，企业家一定要将创新的结晶与创新者分享，以此为榜样，鼓励大家持续创新。

第三节　老板的"芯片"

一、老板的"芯片"决定品牌的未来

（一）老板的高度是天花板

老板的高度决定品牌的高度，品牌的高度决定企业的高度。一个企业能做多大，走多远，关键人物是董事长。每一个成功的企业背后，都有一个了不起的老板，中国的企业代表，长江有李嘉诚，华为有任正非，阿里巴巴有马云，腾讯有马化腾，百度有李彦宏，格力有董明珠，海尔有张瑞敏，娃哈哈有宗庆后，小米有雷军，联想有柳传志等；国际的企业代表，微软有比尔·盖茨，谷歌有拉里·佩奇和谢尔盖·布林，苹果有乔布斯，Facebook 有马克·扎克伯格，亚马逊有杰夫·贝佐斯等。试想一下，未来的中国 500 强企业排名，世界 500 强企业排名中，你和你的企业会不会成为其中的一位呢？

在我参加过的培训中，包括北京大学 EMBA，湖南大学 EMBA，中国企业家校长汇 EMBA，这些课程中的老师，无一不是要求一把手工程，包括人才、业务、客户、绩效、财务、股权等，全部都要求一把手参与并管理。部门一把手的高度就是一个部门的天花板，老板的高度就是企业的天花板。

（二）一把手是方向、战略

我们常说，董事长的工作就是筹资、布局、用人，这话一点都没有错。

筹资，肯定是董事长的事情，不管在任何时候，筹集资金都是董事长的头等大事。所以，作为董事长，第一能力、第一责任就是筹资、融资能力，这里的"资"首先是资金，其次是资源。

布局，就是企业战略设计、战略布局。作为董事长，时刻要牢记保证主营业务可持续增长是你的责任和义务。我们公司的经营管理，都会围绕开门三件事来提升：产品、客户、人才。我们需要设计产品战略，打造尖刀产品，也就是我们说的"爆品"以及爆品中的爆品，王牌中的王牌；我需要设计我们的客户战略，实现大鲸鱼、大客户战略；我们还要招聘优秀的，以一敌百的人才。

用人，人找对了，事就成了。董事长应该花一半以上的时间来招人、选人、育人、用人、留人。招人、选人，就跟种子一样，花生的种子种出来是花生，玉米的种子种出来的是玉米，勤奋的人，到了哪里都勤奋，自信的人，到了任何环境都自信。我们要招聘 A 级人才，招聘能力卓越的人。培育人，这是一把手的工作，把干部培养好了，事情自然能做好，你也轻松了。在培育人的工作上，一把手一定要重点关注高层和中层干部的培养。用人是一门学问，也是企业的机制，我们可以通过系统的奖励和惩罚机制，让人才自己动起来。最后是留人，董事长要想尽一切办法让优秀的人留下来，让不优秀的人自动离开。在留人这件事上，只要我们用心，我相信，没有做不好的事情。

老板的"芯"决定企业的"星"；老板的"行"，决定企业的"行"，老板心有多高，品牌就能走多远。

二、利他之心

（一）利他之心就是企业的利润之芯

一个有利他之心的人，一定是一个懂感恩有责任的人；一个有利他之心的企业，一定是有使命有担当的企业。企业要发展壮大，离不开客户的信任，更离不开客户的成功。

当一个企业用利他之心去经营的时候，就不会弄虚作假，不会鼠目寸光，更不会做任何伤天害理的事情。相反，它会以诚待人，虚怀若谷，用心用爱去对待客户。客户的眼睛都是雪亮的，当你时时刻刻为客户着想的时候，客户也会被你打动，客户也会对你更忠诚。

一个有使命、有格局、有情怀的企业，在同等条件下，更容易获得客户的信任，赢得客户的订单，所以说，利他之心就是企业的"利润之芯"。

（二）利他之心有利于员工成长

当企业做任何事情，都以利他的思维为指导，并去践行以后，你会发现，企业的员工都会有大爱，员工的幸福感会更强，他们会更加懂得感恩社会、感恩老板、感恩公司、感恩美好的生活。

企业家对员工的利他之心，还可以理解为舍得分钱。自古就有"财散人聚，财聚人散"的说法，企业家越舍得分钱，员工就越会加倍的努力工作，为公司创造更大的价值。当一个企业的员工收入最高的时候，也是企业效益最好的时候。

总之，利他之心让员工更懂感恩，让员工成长得更快。

（三）利他之心有利于自己成才

利他就是利己，助人者，天助之。

纵观中国上下五千年，不管是哪个企业、组织与个人，他们不断进步的时候，一定是在努力奋斗；他们在走下坡路的时候，一定是松懈散漫了。企业要想保持可持续增长，就必须坚持不懈地拼搏努力；我们个人要想不断成功，也必须奋发图强。利他之心，会迫使我们每一个人去奋斗让自己的内心更加强大，坚定自己的使命、愿景、价值观，并且为之不懈地拼搏奋斗。

最后，再次将我们中榜集团的使命、愿景、价值观分享给大家。

使命：让外贸更简单。

愿景：在外贸领域打造十个第一品牌；

　　　打造第一客户口碑；

　　　打造第一员工收入。

价值观：学习创新、专注高效、孝顺父母、感恩他人。

让我们所有的外贸朋友都常怀利他之心，常言利他之话，常做利他之事！

后记　行胜于言，立即行动

　　我参与了几十场关于外贸品牌管理的主题分享，与上百位企业家一对一沟通了外贸品牌管理的经验，外贸品牌的重要性不言而喻，可许多企业家懂得了如何做外贸品牌以后，一直没有启动。道理似乎大家都知道，但是，知道不等于做到，知道与做到之间就是 0 与 1 的区别。你知道一千个一万个道理，等于 0，只有做了才会等于 1，才会有 N 的结果。

　　我通过与国内多家知识产权代理服务公司负责人沟通交流了解到，目前全国各地注册中文类商标的企业特别多，但是，国际性的商标特别少，英文类的国际性商标那是少之又少，即使是国内许多非常知名的企业，都没有在国际上注册全球商标，更别说是发明专利的注册等。这种现象，真是令人痛心。中国的企业要想走出国门，走向世界，就不得不行动，从商标做起，从专利做起，从你拿起电话咨询品牌打造事宜开始。

　　生活中，无数个企业告诉我，他们想做品牌，但是，又不知道怎么样做好外贸品牌；也有很多的企业，知道怎么样做品牌，可惜还是在做品牌和做 OEM、ODM 之间徘徊；还有一部分企业是做了外贸品牌，但是不太成功。不管是哪种情形，我都希望你能认真阅读本书里面的每一个章节，里面的点点滴滴，都是我们实战以后总结出来的宝贵财富。我相信，书里的内容一定可以帮到你，帮到你的企业，帮到你的朋友。爱他，就送他这本书吧！

　　如果你想成长，请你学习！

　　如果你想成名，请你学习，坚持不懈地学习！

如果你想成功，请你学习，带着家人、员工、亲朋好友一起学习！

如果你热爱你的企业，那么请立即行动！

如果你热爱你的员工，那么请立即行动！

如果你热爱你的生活，那么请立即行动！

行动，行动，立即行动！

书目介绍

乐 贸 系 列

书名	作者	定价	书号	出版时间
国家出版基金项目				
1. "一带一路"国家投资并购指南	冯 斌 李洪亮 Gvantsa Dzneladze(格) Tamar Menteshashvili(格)	98.00 元	978-7-5175-0422-1	2020 年 3 月第 1 版
2. "质"造全球:消费品出口质量管控指南	SGS 通标标准技术服务有限公司	80.00 元	978-7-5175-0289-0	2018 年 9 月第 1 版
跟着老外学外贸系列				
1. 优势成交:老外这样做销售(第二版)	Abdelhak Benkerroum (阿道)	58.00 元	978-7-5175-0370-5	2019 年 10 月第 2 版
外贸 SOHO 系列				
1. 外贸创业 1.0——SOHO 轻资产创业	毅 冰	59.00 元	978-7-5175-0490-0	2021 年 1 月第 1 版
2. 外贸 SOHO,你会做吗?	黄见华	30.00 元	978-7-5175-0141-1	2016 年 7 月第 1 版
跨境电商系列				
1. 直面危机:跨境电商创业	朱秋城 (Mr. Harris)	59.00 元	978-7-5175-0478-8	2021 年 2 月第 1 版
2. 跨境电商全产业链时代:政策红利下迎机遇期	曹 磊	55.00 元	978-7-5175-0349-1	2019 年 5 月第 1 版
3. 外贸社交媒体营销新思维:向无效社交说 No	张周平 May (石少华)	55.00 元	978-7-5175-0270-8	2018 年 6 月第 1 版
4. 跨境电商多平台运营,你会做吗?	董振国 贾 卓	48.00 元	978-7-5175-0255-5	2018 年 1 月第 1 版
5. 跨境电商 3.0 时代——把握外贸转型时代风口	朱秋城 (Mr. Harris)	55.00 元	978-7-5175-0140-4	2016 年 9 月第 1 版
6. 118 问玩转速卖通——跨境电商海外淘金全攻略	红 鱼	38.00 元	978-7-5175-0095-7	2016 年 1 月第 1 版
外贸职场高手系列				
1. 外贸会计上班记(第二版)	谭 天	55.00 元	978-7-5175-0439-9	2020 年 7 月第 2 版
2. 开发:在外贸客户发掘中出奇制胜	蔡译民(Chris)	55.00 元	978-7-5175-0425-2	2020 年 6 月第 1 版
3. MR. HUA 创业手记(纪念版)——从 0 到 1 的"老华"创业思维	华 超	69.00 元	978-7-5175-0430-6	2020 年 6 月第 1 版
4. 新人走进外贸圈 职业角色怎么选	黄 涛	45.00 元	978-7-5175-0387-3	2020 年 1 月第 1 版
5. Ben 教你做采购:金牌外贸业务员也要学	朱子赋(Ben)	58.00 元	978-7-5175-0386-6	2020 年 1 月第 1 版
6. 思维对了,订单就来:颠覆外贸底层逻辑	老 A	58.00 元	978-7-5175-0381-1	2020 年 1 月第 1 版

书名	作者	定价	书号	出版时间
7. 从零开始学外贸	外贸人维尼	58.00 元	978-7-5175-0382-8	2019 年 10 月第 1 版
8. 小资本做大品牌:外贸企业品牌运营	黄仁华	58.00 元	978-7-5175-0372-9	2019 年 10 月第 1 版
9. 金牌外贸企业给新员工的内训课	Lily 主编	55.00 元	978-7-5175-0337-8	2019 年 3 月第 1 版
10. 逆境生存:JAC 写给外贸企业的转型战略	JAC	55.00 元	978-7-5175-0315-6	2018 年 11 月第 1 版
11. 外贸大牛的营与销	丹 牛	48.00 元	978-7-5175-0304-0	2018 年 10 月第 1 版
12. 向外土司学外贸 1:业务可以这样做	外土司	55.00 元	978-7-5175-0248-7	2018 年 2 月第 1 版
13. 向外土司学外贸 2:营销可以这样做	外土司	55.00 元	978-7-5175-0247-0	2018 年 2 月第 1 版
14. 阴阳鱼给外贸新人的必修课	阴阳鱼	45.00 元	978-7-5175-0230-2	2017 年 11 月第 1 版
15. JAC 写给外贸公司老板的企管书	JAC	45.00 元	978-7-5175-0225-8	2017 年 10 月第 1 版
16. 外贸大牛的术与道	丹 牛	38.00 元	978-7-5175-0163-3	2016 年 10 月第 1 版
17. JAC 外贸谈判手记——JAC 和他的外贸故事	JAC	45.00 元	978-7-5175-0136-7	2016 年 8 月第 1 版
18. Mr. Hua 创业手记——从 0 到 1 的"华式"创业思维	华 超	45.00 元	978-7-5175-0089-6	2015 年 10 月第 1 版
19. JAC 外贸工具书——JAC 和他的外贸故事	JAC	45.00 元	978-7-5175-0053-7	2015 年 7 月第 1 版
20. 外贸菜鸟成长记(0~3 岁)	何嘉美	35.00 元	978-7-5175-0070-4	2015 年 6 月第 1 版

外贸操作实务子系列

书名	作者	定价	书号	出版时间
1. 外贸高手客户成交技巧 3:差异生存法则	毅 冰	69.00 元	978-7-5175-0378-1	2019 年 9 月第 1 版
2. 外贸高手客户成交技巧 2——揭秘买手思维	毅 冰	55.00 元	978-7-5175-0232-6	2018 年 1 月第 1 版
3. 外贸业务经理人手册(第三版)	陈文培	48.00 元	978-7-5175-0200-5	2017 年 6 月第 3 版
4. 外贸全流程攻略——进出口经理跟单手记(第二版)	温伟雄(马克老温)	38.00 元	978-7-5175-0197-8	2017 年 4 月第 2 版
5. 金牌外贸业务员找客户(第三版)——跨境电商时代开发客户的 9 种方法	张劲松	40.00 元	978-7-5175-0098-8	2016 年 1 月第 3 版
6. 实用外贸技巧助你轻松拿订单(第二版)	王陶(波锅涅)	30.00 元	978-7-5175-0072-8	2015 年 7 月第 2 版
7. 出口营销实战(第三版)	黄泰山	45.00 元	978-7-80165-932-3	2013 年 1 月第 3 版
8. 外贸实务疑难解惑 220 例	张浩清	38.00 元	978-7-80165-853-1	2012 年 1 月第 1 版
9. 外贸高手客户成交技巧	毅 冰	35.00 元	978-7-80165-841-8	2012 年 1 月第 1 版
10. 报检七日通	徐荣才 朱瑾瑜	22.00 元	978-7-80165-715-2	2010 年 8 月第 1 版
11. 外贸实用工具手册	本书编委会	32.00 元	978-7-80165-558-5	2009 年 1 月第 1 版
12. 快乐外贸七讲	朱芷萱	22.00 元	978-7-80165-373-4	2009 年 1 月第 1 版
13. 外贸七日通(最新修订版)	黄海涛(深海鱿鱼)	22.00 元	978-7-80165-397-0	2008 年 8 月第 3 版

出口风险管理子系列

书名	作者	定价	书号	出版时间
1. 轻松应对出口法律风险	韩宝庆	39.80 元	978-7-80165-822-7	2011 年 9 月第 1 版

书名	作者	定价	书号	出版时间
2. 出口风险管理实务(第二版)	冯斌	48.00 元	978-7-80165-725-1	2010 年 4 月第 2 版
3. 50 种出口风险防范	王新华 陈丹凤	35.00 元	978-7-80165-647-6	2009 年 8 月第 1 版

📖 外贸单证操作子系列

1. 跟单信用证一本通(第二版)	何源	48.00 元	978-7-5175-0249-4	2018 年 9 月第 2 版
2. 外贸单证经理的成长日记(第二版)	曹顺祥	40.00 元	978-7-5175-0130-5	2016 年 6 月第 2 版
3. 信用证审单有问有答 280 例	李一平 徐珺	37.00 元	978-7-80165-761-9	2010 年 8 月第 1 版
4. 外贸单证解惑 280 例	龚玉和 齐朝阳	38.00 元	978-7-80165-638-4	2009 年 7 月第 1 版
5. 信用证 6 小时教程	黄海涛(深海鱿鱼)	25.00 元	978-7-80165-624-7	2009 年 4 月第 2 版
6. 跟单高手教你做跟单	汪德	32.00 元	978-7-80165-623-0	2009 年 4 月第 1 版

📖 福步外贸高手子系列

1. 外贸技巧与邮件实战(第二版)	刘云	38.00 元	978-7-5175-0221-0	2017 年 8 月第 2 版
2. 外贸电邮营销实战 ——小小开发信 订单滚滚来(第二版)	薄如骢	45.00 元	978-7-5175-0126-8	2016 年 5 月第 2 版
3. 巧用外贸邮件拿订单	刘裕	45.00 元	978-7-80165-966-8	2013 年 8 月第 1 版

📖 国际物流操作子系列

1. 货代高手教你做货代 ——优秀货代笔记(第二版)	何银星	33.00 元	978-7-5175-0003-2	2014 年 2 月第 2 版
2. 国际物流操作风险防范 ——技巧·案例分析	孙家庆	32.00 元	978-7-80165-577-6	2009 年 4 月第 1 版

📖 通关实务子系列

1. 外贸企业轻松应对海关估价	熊斌 赖芸 王卫宁	35.00 元	978-7-80165-895-1	2012 年 9 月第 1 版
2. 报关实务一本通(第二版)	苏州工业园区海关	35.00 元	978-7-80165-889-0	2012 年 8 月第 2 版
3. 如何通过原产地证尽享关税优惠	南京出入境检验检疫局	50.00 元	978-7-80165-614-8	2009 年 4 月第 3 版

📖 彻底搞懂子系列

1. 彻底搞懂信用证(第三版)	王腾 曹红波	55.00 元	978-7-5175-0264-7	2018 年 5 月第 3 版
2. 彻底搞懂关税(第二版)	孙金彦	43.00 元	978-7-5175-0172-5	2017 年 1 月第 2 版
3. 彻底搞懂提单(第二版)	张敏 张鹏飞	38.00 元	978-7-5175-0164-0	2016 年 12 月第 2 版
4. 彻底搞懂中国自由贸易区优惠	刘德标 祖月	34.00 元	978-7-80165-762-6	2010 年 8 月第 1 版
5. 彻底搞懂贸易术语	陈岩	33.00 元	978-7-80165-719-0	2010 年 2 月第 1 版
6. 彻底搞懂海运航线	唐丽敏	25.00 元	978-7-80165-644-5	2009 年 7 月第 1 版

📖 外贸英语实战子系列

1. 十天搞定外贸函电(白金版)	毅冰	69.00 元	978-7-5175-0347-7	2019 年 4 月第 2 版
2. 让外贸邮件说话——读懂客户心理的分析术	蔡泽民(Chris)	38.00 元	978-7-5175-0167-1	2016 年 12 月第 1 版

书 名	作 者	定价	书号	出版时间

📖 专业报告子系列

1. 国际工程风险管理	张 燎	1980.00 元	978-7-80165-708-4	2010 年 1 月第 1 版
2. 涉外型企业海关事务风险管理报告	《涉外型企业海关事务风险管理报告》研究小组	1980.00 元	978-7-80165-666-7	2009 年 10 月第 1 版

📖 外贸企业管理子系列

1. 外贸经理人的 MBA	毅 冰	55.00 元	978-7-5175-0305-7	2018 年 10 月第 1 版
2. 小企业做大外贸的制胜法则——职业外贸经理人带队伍手记	胡伟锋	35.00 元	978-7-5175-0071-1	2015 年 7 月第 1 版
3. 小企业做大外贸的四项修炼	胡伟锋	26.00 元	978-7-80165-673-5	2010 年 1 月第 1 版

📖 国际贸易金融子系列

1. 国际结算单证热点疑义相与析	天九湾贸易金融研究汇	55.00 元	978-7-5175-0292-0	2018 年 9 月第 1 版
2. 国际结算与贸易融资实务（第二版）	李华根	55.00 元	978-7-5175-0252-4	2018 年 3 月第 1 版
3. 信用证风险防范与纠纷处理技巧	李道金	45.00 元	978-7-5175-0079-7	2015 年 10 月第 1 版
4. 国际贸易金融服务全程通（第二版）	郭党怀 张丽君 张贝	43.00 元	978-7-80165-864-7	2012 年 1 月第 2 版
5. 国际结算与贸易融资实务	李华根	42.00 元	978-7-80165-847-0	2011 年 12 月第 1 版

📖 毅冰谈外贸子系列

毅冰私房英语书——七天秀出外贸口语	毅 冰	35.00 元	978-7-80165-965-1	2013 年 9 月第 1 版

"创新型"跨境电商实训教材

跨境电子商务概论与实践	冯晓宁	48.00 元	978-7-5175-0313-2	2019 年 1 月第 1 版

"实用型"报关与国际货运专业教材

1. 国际货运代理操作实务（第二版）	杨鹏强	48.00 元	978-7-5175-0364-4	2019 年 8 月第 2 版
2. 集装箱班轮运输与管理实务	林益松	48.00 元	978-7-5175-0339-2	2019 年 3 月第 1 版
3. 航空货运代理实务（第二版）	杨鹏强	55.00 元	978-7-5175-0336-1	2019 年 1 月第 2 版
4. 进出口商品归类实务（第三版）	林 青	48.00 元	978-7-5175-0251-7	2018 年 3 月第 3 版
5. e 时代报关实务	王 云	40.00 元	978-7-5175-0142-8	2016 年 6 月第 1 版
6. 供应链管理实务	张远昌	48.00 元	978-7-5175-0051-3	2015 年 4 月第 1 版

书名	作者	定价	书号	出版时间
7.电子口岸实务(第二版)	林 青	35.00元	978-7-5175-0027-8	2014 年 6 月第 2 版
8.报检实务(第二版)	孔德民	38.00元	978-7-80165-999-6	2014 年 3 月第 2 版
9.现代关税实务(第二版)	李 齐	35.00元	978-7-80165-862-3	2012 年 1 月第 2 版
10.国际贸易单证实务(第二版)	丁行政	45.00元	978-7-80165-855-5	2012 年 1 月第 2 版
11.报关实务(第三版)	杨鹏强	45.00元	978-7-80165-825-8	2011 年 9 月第 3 版
12.海关概论(第二版)	王意家	36.00元	978-7-80165-805-0	2011 年 4 月第 2 版

"精讲型"国际贸易核心课程教材

1.国际贸易实务精讲(第七版)	田运银	49.50元	978-7-5175-0260-9	2018 年 4 月第 7 版
2.国际货运代理实务 精讲(第二版)	杨占林 汤 兴 官敏发	48.00元	978-7-5175-0147-3	2016 年 8 月第 2 版
3.海关法教程(第三版)	刘达芳	45.00元	978-7-5175-0113-8	2016 年 4 月第 3 版
4.国际电子商务实务精讲 (第二版)	冯晓宁	45.00元	978-7-5175-0092-6	2016 年 3 月第 2 版
5.国际贸易单证精讲(第四版)	田运银	45.00元	978-7-5175-0058-2	2015 年 6 月第 4 版
6.国际贸易操作实训精讲 (第二版)	田运银 胡少甫 史 理 朱东红	48.00元	978-7-5175-0052-0	2015 年 2 月第 2 版
7.进出口商品归类实务精讲	倪淑如 倪 波 田运银	48.00元	978-7-5175-0016-2	2014 年 7 月第 1 版
8.外贸单证实训精讲	龚玉和 齐朝阳	42.00元	978-7-80165-937-8	2013 年 4 月第 1 版
9.外贸英语函电实务精讲	傅龙海	42.00元	978-7-80165-935-4	2013 年 2 月第 1 版
10.国际结算实务精讲	庄乐梅 李 菁	49.80元	978-7-80165-929-3	2013 年 1 月第 1 版
11.报关实务精讲	孔德民	48.00元	978-7-80165-886-9	2012 年 6 月第 1 版
12.国际商务谈判实务精讲	王 慧 唐力忻	26.00元	978-7-80165-826-5	2011 年 9 月第 1 版
13.国际会展实务精讲	王重和	38.00元	978-7-80165-807-4	2011 年 5 月第 1 版
14.国际贸易实务疑难解答	田运银	20.00元	978-7-80165-718-3	2010 年 9 月第 1 版

"实用型"国际贸易课程教材

1.进出口商品归类教程	李锐文 林坚弟	60.00元	978-7-5175-0518-1	2021 年 9 月第 1 版
2.外贸跟单实务(第二版)	罗 艳	48.00元	978-7-5175-0338-5	2019 年 1 月第 2 版
3.海关报关实务	倪淑如 倪 波	48.00元	978-7-5175-0150-3	2016 年 9 月第 1 版
4.国际金融实务	李 齐 唐晓林	48.00元	978-7-5175-0134-3	2016 年 6 月第 1 版
5.国际贸易实务	丁行政 罗 艳	48.00元	978-7-80165-962-0	2013 年 8 月第 1 版

中小企业财会实务操作系列丛书

1.做顶尖成本会计应知应会 150 问(第二版)	张 胜	48.00元	978-7-5175-0275-3	2018 年 6 月第 2 版
2.小企业会计疑难解惑300 例 刘	华 刘方周	39.80元	978-7-80165-845-6	2012 年 1 月第 1 版
3.会计实务操作一本通	吴虹雁	35.00元	978-7-80165-751-0	2010 年 8 月第 1 版